自閉スペクトラム症（ASD）社員
だからうまくいく

才能をいかすためのマネージメントガイド

An Employer's Guide to Managing
Professionals on the Autism Spectrum

マーシャ・シャイナー／ジョーン・ボグデン

梅永雄二=訳

明石書店

訳者まえがき

　平成 17 (2005) 年に発達障害者支援法が施行されて、SLD（限局性学習症）、ADHD（注意欠如多動症）、ASD（自閉スペクトラム症）の理解が進み、学校教育においては個別の指導計画・支援計画の作成、校内委員会の設置、特別支援教育コーディネーターの配置など改革が進みました。しかしながら、就労においては、就労支援者の理解は進んだものの、企業側に十分に浸透しているとはいえない現状です。

　また、「発達障害」といっても SLD、ADHD、ASD の特性は異なる側面があり、ひとくくりにすべきではありません。なぜなら、発達障害の人の離職理由として対人関係の問題が多いからです。

　職業リハビリテーションの用語にハードスキルとソフトスキルという能力がありますが、ハードスキルというのは仕事そのものの能力のことを示し、具体的には「外国語の能力」「学歴や資格の取得」「ワープロのタイピングのスピード」「機械操作」「コンピューターのプログラミング」などが該当します。

　一方で、ソフトスキルとは、数量化するのは困難なスキルであり、一般に「People Skills」として知られています。たとえば、「遅刻をせずに職場に行く」「身だしなみを整える」「職場のルールやマナーを守る」「適切に昼休みの余暇を過ごせる」「金銭管理ができる」「適切な対人関係ができる」などの仕事そのものではないものの、職業生活に影響を与える「職業生活遂行能力」とでもいえるものでしょう。

　実は、発達障害の人たち、とりわけ ASD（自閉スペクトラム症）の人たちはソフトスキルでのトラブルが多いのです。身だしなみでは、「職場に

合った服装ではない」「髪の毛が伸びている」「お風呂に入らないため体臭がする」「髭剃りや爪切りができていない」、時間管理では、「遅刻をする」「昼休みに1時までに戻ってこない」、余暇では、「昼食時間に奇妙な行動をする」「仕事が終わった後や土・日に適切な過ごし方ができていない」、日常的な家事労働においても、「炊事、洗濯、掃除、買い物ができない」、とりわけ対人関係では、「挨拶、お礼、ミスをした際の報告ができない」、さらに金銭管理においては、「無駄遣いをする」「サラ金で借金をする」「高額な物を無計画に購入する」などが報告されています。

　さらに、発達障害者を雇用した企業も同僚上司とのコミュニケーションの問題を指摘しています。つまり、発達障害といっても就労において困難性を示すのはASD（自閉スペクトラム症）なのです。

　そのASDの発症率について、米国のCDC（Centers for Disease Control and Prevention）が1972年出した報告書によると10,000人に4人～5人の割合だとのことでしたが、2018年の報告では44人に1人の割合となり、1972年から比較すると何と約50倍に増加しています。

　また、シャタック博士（2015）の研究報告によると、通常の高校を卒業したASD者の3分の2が卒業後2年間は仕事に就けておらず、20代になってもASD者の就職率は58％となっています。これは、知的障害者の就職率が74％、言語障害あるいは情緒障害者が91％、SLD者が95％であるのに比べ、極めて低いことが示されています。

　その原因は、やはり「職場における人とのかかわり」が難しいこと、実行機能の弱さから生じる「仕事の遂行力」の問題、そして視覚刺激や聴覚刺激、嗅覚刺激などに過敏に反応してしまう「感覚の問題」などがあげられます。

　しかしながら、それぞれの問題に対し、「職場における人とのかかわり」は同僚上司の理解研修によって、「仕事の遂行力」では時間の構造化によって、「感覚の問題」に関してはノイズキャンセリングヘッドフォンやサングラスの使用などで解決できる方法があります。

　本書には、このような就労上の困難性の解決法が数多く示されています。さらに、企業が「能力の未開な貯水池」と呼ばれる素晴らしい才能を持っ

ているASD者を雇用するメリットおよび合理的配慮の方法もふんだんに紹介されています。

　ASDの生徒の進路指導をされている学校の先生、ハローワークや就労支援機関で障害者の就労支援をされているジョブコーチや障害者職業カウンセラー、そしてASD者を受け入れる企業側にとってASD者を雇用するマネージメントとして有効なマニュアルとなるものと考えています。

　本書によって、自閉症者雇用におけるマネージメントが広く周知されることを期待しています。

梅 永　雄 二

自閉スペクトラム症（ASD）社員だからうまくいく ● 目　次

第 I 部　　導入

第1章　はじめに　　17

第2章　職業人としての自閉症者　　25

第3章　自閉症ということの開示と自閉症社員のタイプ　　35

第Ⅱ部　職場における人とのかかわり

第III部　仕事の遂行能力

第11章　感情抑制　215

第IV部　職場での感覚の問題

第12章　職場における感覚の問題の紹介　243

第13章　感覚過敏　249

謝　辞

　インテグレート・オーティズム・エンプロイメント・アドバイザー（旧称ASTEP：アスペルガー症候群訓練・雇用パートナーシップ）は、自閉症のある大学卒業生の包括的な競争力のある雇用機会を増やすために2010年に設立されました。私たちは、自閉症者の有能な労働者を見極め、採用から職場定着に至る支援を行い、大学を卒業する自閉症者が一般企業に就労できるようにするために、企業主に焦点を当てた問題解決の専門家です。

　この機関は、企業とのかかわり、優秀な人材の調達、そして両者をつなぐことで、企業と求職者である自閉症者の双方を独自に理解しています。この本をまとめるにあたり6年間かかりました。企業主が自閉症者のうまくいく同僚や上司になるための指針になるだけでなく、自閉症者が希望する職場環境で花開く機会をより多く提供することを願っています。

　この本は、長年にわたって個人的な体験を聞かせてくれた多くの自閉症者のおかげで書くことができました。とりわけ、ジェームズ・G、ピーター・R、カール・W、ビル・F、エリック・Kの各氏には、初期のころに個人的な話を聞かせてもらったことに感謝しています。数え上げればきりがありませんが、私たちが行った「エンプロイヤー・コネクト」と「ジョブ・サーチ・ブート・キャンプ」のプログラムに参加した多くの若者に、彼らがいかにユニークで才能に溢れ、企業主に提供できるものが多いかを教えてくれたことに感謝したいと思います。また、マイケル・ジョン・カーリーには、2011年から2014年まで「インテグレート」のエグゼクティブ・ディレクターを務めただけでなく、「インテグレート」の立ち上げに貢献してくれたことに、感謝の意を表したいと思います。加えて長年

にわたり、リンダ・ゲラー博士とブレンダ・スミス・マイルス博士から専門的な指導を受けてきました。大人になった自閉症者との彼女らのかかわりを通しての経験と深い知識は、本書の執筆だけでなく、私たちの日々の活動においても、貴重な指針であり続けています。

　また私たちがお会いした多くの雇用主の人たちが、「ニューロ・ダイバーシティ」のある人たち、すなわち自閉症者を職場に迎え入れてくださっただけではなく、彼らをサポートする職場環境を調えたいと率直に話してくださったことに感謝します。私たちの初期の支援企業の一つであるPwCは、職場に「ニューロ・ダイバーシティ」を職場に取り入れようと努力をしてくれただけではなく、統合された職場環境をより広く支援してくれている点においても特筆に値します。

　また、バークレイズ、シスコ、ディズニー、エコノミスト、EY、カインドスナックス、リンクトイン、メルク、PwCなどの企業主連携プログラムに参加する若者を受け入れてくれた30以上の企業にも感謝いたします。私たちはこのプログラムの参加者である若者たちと雇用主の人たちとのかかわりを見ることによって多くのことを学び、そのことを本書で紹介します。

　このようなプロジェクトが実現するためには、多くの人々の努力とサポートが必要です。本書はコーポレートディベロップメントのインテグレートディレクターでありプログラムマネージャーのトレーシー・パウエルラディとハリソン・ポタズニックの献身的な働きなしには書けなかったものです。トレーシーは、私たちの仕事に雇用主たちを巻き込み、仕事探しブートキャンプを運営するためのたゆまぬ努力により、本書で紹介されている、自閉症者の専門家を職場で支援する方法について膨大な経験を私たちに与えてくれました。トレーシーとハリソンは「インテグレート」の集合的な記憶のかなりの部分を提供し、本書で取り上げる必要のあるトピックや問題のブレインストーミングに貢献してくれました。

　また、「インテグレート」のマーケティング部長で、西海岸代表のエイミー・コンと一緒に粛々と校正を進めました。どんなプロジェクトにおいても、サポートを見つけることが常に重要です。「インテグレート」を継

続的に支援してくださっているMJS財団に感謝いたします。この本を完成させるために非常に役立ちました。また、共著者であるジョーン・ボグデンとイラストレーターのメロン・ファイロにも感謝いたします。ジョーンは、著者であり、編集者であり、研究者であるだけでなく、このプロジェクトを組織化し、集中させることができました。本書は彼女なしでは書くことができなかったでしょう。メロンは若いアーティストで、本書は彼の芸術的能力のほんの一端に過ぎません。

　最後に、私は息子に感謝します。彼がいなければ、「インテグレート」を始めることも本書を書くこともなかったでしょう。そして、彼の母親であることを除けば、「インテグレート」の仕事を追求することは、私がこれまでしてきたことの中で最もやりがいのある仕事なのです。

マーシャ・シャイナー

第 I 部

導　入

経営の理論と実践に関しては数多くの本が書かれています。しかしながら、良い経営者であるためには、ニューロ・ダイバーシティを持つ人々と働くときにはより専門的な知識が必要になります。私たちが会う経営者たちは、問題を解決するために迅速で、明確なアドバイスを必要とするとても忙しい人たちです。彼らはそのような特別な問題が生じたときには、比較的短い時間で対処できるような具体的な解決策を必要としています。

　この本では、自閉症者を雇用し、また一緒に働く上で職場で生じる可能性のある特別な問題に対処するための具体的アドバイスを含めた理論と実践についてまとめています。全体を通して、自閉症社員が問題行動を生じる理由についての説明を提供しています。第Ⅰ部では、なぜ職場での自閉症についての知識が重要かについて理解を高めることの必要性について述べています。

1 はじめに

今日、自閉症と診断された若者の約 35％が大学に通っています。彼らが大学を卒業しても仕事を見つけられないのはなぜなのでしょうか。

　CDC（Centers for Disease Control and Prevention：アメリカ疾病予防管理センター）が 2000 年の自閉症の発症率は 166 人に 1 人だったと報告して以来、米国学会などでは自閉症は流行しているのかどうかという議論がなされています。この時点から発症率は 2.4 倍に増加し、68 人に 1 人になっています（2016 年は 54 人に 1 人）。自閉症と診断されようがされまいが、18 歳になると毎年何千人もの自閉症の青年たちは、定型発達の青年たちと同様に夢と希望を持って就労、安全な家庭生活、そして人間関係を育むといった成人生活へ移行するという事実が存在します。しかしながら今日、自閉症の若者は、障害のある人たちの中で就職率が最も低いという現状となっています。
　ドゥレクセル大学のポール・シャタック博士の研究では、高校卒業後 3 分の 2 の自閉症の生徒がどんな就労形態であっても卒業後の最初の 2 年間、就労の経験をしていないと報告されています。20 歳代になっても自閉症社員の「賃金が支払われる就労」の割合はわずか 58％で、これは知的障害者の 74％、言語障害あるいは情緒障害者の 91％、学習障害者の 95％に比べても極めて少ない状況です[1]。
　自閉症の診断率が増加し、自閉症者の就職率は厳しい状況ですが、そんな中、シャタック博士の研究に期待の持てる一つの統計データがありました。それは自閉症者の 35％が大学へ進学しているということです[2][3]。しかしながら全体としては、自閉症と診断された多くの大学卒業生たちが卒業後に就労先を見つけているわけではなく、あるいは大卒レベルの学歴が必要でない職種に雇用されている場合もあります。自閉症コミュニティからの事例からは、大卒自閉症者の未就職率はおよそ 75〜85％台だろうと推測されます。このような一見矛盾するような統計データは、二つの問題を提起しています。一つは、現在の 3 分の 1 以上の自閉症若者はどのようにして、大学教育を終えることができるのかという問題です。もう一

つは、彼らが大学を卒業できるのなら、なぜ仕事を見つけることができないのかという問題です。

　この二つの疑問を解決するためには、自閉症診断の歴史を理解する必要があります。1908 年に自閉症が最初に脳の機能障害であると認識されたとき、自閉症は統合失調症の亜型と考えられていました。1980 年に自閉症は統合失調症の診断から外され、DSM（Diagnostic and Statistical Manual of Mental Disorders：アメリカの精神障害の診断・統計マニュアル）に別の障害であると記載されました。その後 1994 年に、より言語発達が高く平均以上のIQ値を有する一方で、自閉症と同じような特性である社会的かかわりの不器用さ、（音や光、食べ物などの）環境刺激に対する感覚過敏性、ちょっと変わった言語表現のパターン、反復行動などを所有している人たちを区別するために、自閉症の定義を拡大するものとしてアスペルガー症候群がDSMに追加されました。そして 2014 年に、DSMが改訂され、アスペルガー症候群はより広範囲な自閉症という範囲に含まれるようになり、単独での診断名は外されました [4]。しかしながら、現在でも自閉症者の状態をわかりやすくするために多くの人たちによってアスペルガー症候群という名称は使用されています。この本では、私たちは自閉症という用語をメインに使用しますが、職業能力レベルにおける仕事を持つ人たちとしてアスペルガー症候群という用語もたまに使用していきます。

　他の脳機能障害者と分けられて自閉症としてフォーカスが当てられるようになったのは 20 世紀の後半になってからです。それで早期診断と介入へも焦点が当てられるようになりました。CDCによると、自閉症であると信頼できうる診断がなされるのは 2 歳になってからです [5]。非常に早い段階で診断された子どもたちでは、プログラムは生後 12 か月の子どもたちへサポート提供が開始されることになってきています。ESDM（Early Start Denver Model:早期介入デンバーモデル）と呼ばれる 2009 年に開発された研究では、「自閉症の非常に小さい子どもたちに早期介入することは（中略）IQや言語能力、社会的かかわりなどの改善に効果的である」ということがわかりました [6]。

　自閉症の子どもたちはかなり多くの介入やサポートを受けることができ

るので、より高いレベルの学業や社会参加に到達する能力が成長しました。
18歳の3分の1以上の自閉症者が大学へ行くというシャタック博士の研
究は、早期介入と子どもへのサポートの成果を証明しています。現在全米
の数多くの大学では、自閉症の学生がかなりの人数を占めているため、伝
統的な障害者サービス支援から分離した、自閉症学生に特化したサポート
プログラムを構築しています。多くの大学が、このようなプログラムを自
閉症の社会へ売り込み、自閉症学生を呼び込んでいます。

　しかしながら、自閉症者へのサポートも彼らが大学を卒業すると、その
多くはストップしてしまいます。アメリカの州ベースの職業サービスモデ
ルは、コンピュータープログラマー、ジャーナリスト、会計士、あるいは
グラフィックデザイナーなど、社会性やコミュニケーションの障害と関連
している自閉症の特性のため一般就労を見つける上で適切であることを示
せていません。大学におけるサポートは増加していますが、遅れている就
労支援サービスや企業主の障害への理解不足は結果として、大学を卒業し
た自閉症者の高い失業率を示すことになっています。

　自閉症であるということと仕事で成功を収めるということは相互に排他
的ではないということを雇用主は理解し始めています。この未開発の人材
プールにかかわろうとする雇用主にとって、大学を卒業した自閉症者の就
労への道が一方通行ではないことを理解するのが重要です。雇用主は、彼
らの企業文化に「マッチする」ような求職者を探す一方で、自閉症者が
「マッチする」方法を彼らにガイドできるような環境を提供することも必
要なのです。「インテグレート社（旧ASTEP：The Asperger Syndrome
Training & Employment Partnership Inc.)」は、自閉症社員のためのこの力
学を変えるべく雇用主と協働するために2010年に設立されました。私
たちはこのことを、自閉症者がうまく仕事が探せ、うまく会社に雇用され
るようにするサポートにおける論理的な次の段階と考えています。

　この本は自閉症である企業の社員が職場で日々経験する困難な状況を通
して、自閉症に対する理解や合理的配慮を行うための具体的方法を、雇用
主、一緒に働く企業の同僚上司、あるいは人事担当者に対して提供するこ
とを意図しています。この本は、主としてある企業の社員が自閉症である

とき、彼らが職場で遭遇する可能性のある困難に焦点を当てていますが、彼らは忠実であり、まじめであり、一所懸命働き、集中力があり、知的であり、正確であり、論理的であり、生産的でもあります。自閉症であることによる障害特性はありますが、幅広い仕事でその特性を積極的に活用する方法を見出せるでしょう。たとえば、非常に正直なリスクマネージャー、正確さに執着している金融アナリスト、高い集中力を持つコンピュータープログラマー、過去の慣習にこだわらないグラフィックデザイナーなどを望まない雇用主はいないでしょう。そして何よりも、自分の仕事に価値があることをわかっている環境で、有意義で力が発揮できる就労ができる機会に感謝している社員を望まない雇用主はいないでしょう。

この本の使い方

　自閉症社員の就労上の問題に対処するとき、多くの雇用主はその問題を修正してすべての社員が忙しい日々を続けることができるように、目前の問題を即座に解決したいと考えます。ゆっくりと椅子に座って本を一冊読んだり、長い時間のトレーニングビデオを見たり、彼らが職場で直面する奇妙な行動やどのようにすれば自閉症社員をうまく管理できるかについて学ぶ時間がある雇用主はほとんどいません。そういったことを念頭において、この本は自閉症社員を雇用し、ともに働く上でのアドバイスやどのように理解すればよいかを雇用主や同僚に向けて提供するために書かれています。とりわけ、高度なスキルを要したり専門的な仕事に従事する自閉症者に絞っています。

　この本のそれぞれの章において、自閉症者が抱える特別な問題、ならびにそれが職場でどのように現れるかについての対処の仕方が書かれています。自閉症の問題領域と自閉症の特性の双方に関連する、職場環境で目にするかもしれない行動例を提供することによって、この本を書き始めたいと思います。そして、なぜこのような行動が生じるのかについて根本的問題を説明することによって本の内容を続けていきます。それから、敬意を持って、効果的な方法でこのような行動に対処する方法についても提供し

ていきます。最後に、自閉症の結果として生じる多くの行動は複数の領域の困難に起因するため、問題となっている特定の行動について情報を追加する参照先（「関連する章」）を提供します。そして、関連する行動への対処の概要で締めくくります。

　自閉症者を雇用する上でお薦めできるほぼすべての合理的配慮や雇用方略は、なぜ自閉症者がある行動をするかへの理解に依存しています。この情報は、これらの方略や合理的配慮をうまく実行する上での重要な要因であり、それぞれの章の本文で説明します。章の要約を直接読みたくなるかもしれませんが、目にしている行動に関する章の内容を読むことを強くお勧めします。

　本書全体を通して、私たちが面接して話を伺った、職場での問題をうまく対処できるように学んだ自閉症やアスペルガー症候群当事者の発言を掲載しています。自閉症である彼らが使用した対処方法を与えてくれるだけではなく、自閉症であることの経験を垣間見せてくれます。

　この本を読み進むにつれ、全体として私たちが「彼女」よりも「彼」という代名詞を多く使っていることに気づかれると思います。それは、自閉症の発生率が女性よりも男性がはるかに上回っているからです。この理由が男性が頻繁に女性よりも影響を受けているためかどうか、あるいは女性が過小評価されているかどうか、議論の余地があります。原因はさておき、私たちは本を読む上での一貫性のために「彼」という用語を使うことを選択しましたが、それは女性自閉症社員に相対することはないということを意味しているのではありません。

次の段階

　第 2 章「職業人としての自閉症者」を読むことを勧めます。それは、自閉症という障害の概観を提供し、なぜこのことがすべての雇用者・上司・同僚にとって重要なトピックであるかが示されているからです。導入部である第 1 部の後、第 4 章から第 13 章までは、三つの主要な領域に分けられています。すなわち、「職場内における人とのかかわり」「仕事の遂

行能力」「職場での感覚の問題」です。それぞれ関連する行動のリストを
挙げて番号で示されています。目次を参照することにより、雇用主である
あなたが最も興味のある行動や問題についてすぐにたどって、なぜ自閉症
社員がこのような行動に集中しているのか、どうすればうまく指導し合理
的な配慮となるのかについて読むことができます。そうすることによって、
自閉症社員はあなたの会社で素晴らしい役割を果たすことができるように
なるでしょう。

　この本は、（自閉症者雇用における）マニュアルとして、一般的にアスペ
ルガー症候群や類似した自閉症スペクトラムの側面に伴う独特なコミュニ
ケーション方法、考え方、身体行動などを示す社員とともに働く雇用主や
同僚上司たちがうまくやっていけるように作成されています。これは診断
の手段となることを意図しているのではありません。また、これらの諸問
題は、自閉症の者だけに限定されているわけでもありません。この本が、
自閉症者、とりわけ自閉症社員たちが職場で直面するさまざま問題を認識
し、そしてそれらのさまざまな問題にどのようにすれば効果的に対応でき
るかを学ぶための一助となることを期待しています。また、自閉症社員が
仕事を行う上で見出される特別な能力や才能を見極め、活用することで、
職場の皆がうまくいくような就労体験を創造できることを学んでいただけ
ればと思います。

2 職業人としての自閉症者

　月曜の朝、あなたは廊下である同僚とすれ違いました。そしてあなたは彼に丁寧に、「おはよう、週末何をした？」と質問したところ、その社員は息もつかずに見た映画のあらすじについて 20 分間ほど話し始めました。話し終わると、彼はすくっと向きを変えて立ち去りました。

　職場での会議において、上司が新しい事業計画の説明をしていたところ、あなたの隣にいた社員が、椅子の後ろ足に体重をかけて身体を前後に揺らしていました。上司が参加者にコメントを求めたとき、彼は音を立てて椅子を床に倒して言いました。「このプロジェクトは間違って構成されているので、行う価値がありません」。部屋全体がシーンとなってしまいました。

　あなたは会社のチームリーダーとして新しい役割を果たすことになりました。チームに対して自己紹介する中で、来訪を歓迎すること、いつでも誰でも気軽に相談できるということを伝えました。すると、あなたの部屋のドアが閉まっているときでさえ、ある社員が日に何度もやってきて話しかけることがありました。

　仕事に従事している多くの人たちのほとんどが、人間関係が必ずしもうまくいっていないような社員と遭遇したことがあります。彼らは、常に周囲から浮くような方法で、コミュニケーションや対人関係をとります。彼らはしゃべりすぎるし、声が大きく、あるいは逆に全く話しません。彼らはほんの些細なミスでさえもすべてを修正しようとするかもしれませんし、間違いを決して許すことができないかもしれません。彼は社員の一人かもしれませんが、廊下ですれ違ったとしても挨拶することはないでしょう。あるいはあなたが何か新しい仕事を依頼したら毎回パニックを起こしそうになるかもしれません。このような自閉症社員と働くことは、フラストレーションが溜まるものでしょうが、このような人々の中には専門分野では非常に優秀で、問題解決のためのアプローチで革新的である可能性がある人がいます。職場で適応することが困難でも素晴らしい能力を発揮する人は、ニューロ・ダイバーシティ（脳の神経多様性）があることに関連した問題に苦しんでいる可能性があります。「ニューロ・ダイバーシティ」という用語は、自閉症や読字障害、注意欠如多動症のような状態を説明す

る際に使われており、それは［彼らのなす］非定型的な考えや学習方法について さまざまな欠陥や障害の羅列から隔たった表現にしようという意図で用いられています。自閉症のような特性の増加は、職場における多様性やインクルージョンが重視されるのに伴い、結果としてさまざまなコミュニケーション方法や働き方につながるでしょう。この章では、職場での自閉症の特性と雇用主が自閉症社員を雇用する上でのメリットを紹介します。

職場での自閉症

　自閉症は脳の「神経学的」障害です。つまり、脳の配線が異なっていると考えるとわかりやすいでしょう。その結果として、感覚異常や反復行動、興味の限局性、世間一般が示す社会的サインが読めないといったことが生じるのです。職場の同僚は、そのような行動を「失礼」「無礼」「迷惑」、そしてただ「奇妙」な行動であると「解釈」し、彼らの性格のせいだと思い込みます。多くの場合、自閉症者は、自閉症ではない人のことをいうときに、ニューロ・ティピカル（定型発達）という用語を使います。おそらく、あなたは彼らの行動について気がついているでしょう（表2.1）。

　これらの行動がそれ自体自閉症を示しているわけではありませんが、自閉症者はこのような行動を示すことが多いのです。自閉症者の多くは自分の強みや弱点を理解することができます。そして、適切なサポートがあれば社会的にスキルを改善したり、他の問題も管理することができるようになり、職場できちんと統合されて働けるようになっていきます。

　すべての自閉症者がこのような行動のすべてを示すわけではないということを覚えておくことが大切です。自閉症社員はそれぞれ異なっていて、彼らが抱えている問題は自閉症の人たちそれぞれが持つ独特の特性に関連しています。

　自閉症社員の行動が雇用主であるあなた方にとって不適切で奇異に見えるかもしれませんが、彼らは自分たちのことをそう思っていないかもしれ

表 2.1　自閉症者の行動の一般的解釈

観察しうる行動	一般的解釈
集団活動に参加することを好まない	社会的に「集団の輪」から離れている
他者の悩みの種になっていることが理解できない	社会的なキューがわからない
特別に興味があることを話し続ける	興味関心の限局性
目を合わせることが困難、話題を変えることが難しい	興味がないように見える
通常以上に自分自身のことや自分のニーズを主張する	自己中心のように見える
ちょっとしたスケジュールの変更で混乱する	たやすく怒る、敏感すぎる、柔軟性がない
窓の外を常に見ていたり、突然音がした方を向いて頭をがくがくさせる	たやすく気が散る、空想している
他者のミスを指摘する	失礼、無礼、偉ぶっているように見える

ません。他者と目を合わせるのを避けている、会話の際に突然話題を変えるといったことに気づいている自閉症者はほとんどいません。質問されれば、自閉症社員は、そのときの自分の考えや感情、経験をどのように処理したかに基づいて、自分の行動や状況への対応を論理的に説明することができます。自閉症者への全体的な影響は、移民してきた人の経験にいくぶん似ていると考えられます。移民してきた場所での移民者は、受け入れてくれた国の中での大多数のやり方と異なった様式を持って生活するかもしれません。同様に、自閉症社員も、より大きな社会や職場に対応できるように、合理的配慮を受けることによって、仕事でうまくやっていくことができるのです。

なぜあなたの職場で自閉症者を雇用すべきか

今日の経済において、財務的な観点から会社がどのように機能しているかを考えることはすべての人の仕事の一部です。最も若い社員の業績評価でさえ、一般的に、何らかのかたちで会社の業績に結びつくいくつかの目標があります。管理者は、たとえそれが自分の持ち場だけの話であっても、売上高と業績に関心があります。社員は自分の会社が競合他社の中で最も

優れているというプライドを持っています。そして、誰もが多様性と包摂を受け入れてくれる会社から恩恵を受けています。

　ここに、なぜ企業が自閉症の理解と積極的な雇用に興味を示すべきかの一つのとても説得力のある理由があります。「それはビジネスにプラスになるからです」！

　とりわけ、自閉症者を雇用するビジネス上の理由は以下の通りです。

　　　・離職率の低さ
　　　・生産性の向上
　　　・親和性のある大規模グループの消費者へのアピール
　　　・競争上の優位性
　　　・法令遵守
　　　・雇用および合理的配慮の費用が最小限

離職率の低さ

　社員の入れ替えを行う際に実際に使用した費用は、会社によって異なるでしょう。しかしながら、人事マネジメント協会は、「一人の社員の入れ替えにおける直接費用は社員の年俸の 50 ～ 60％に達する可能性があり、離職に関連する総費用は 90 ～ 200％である」[7]と見積もっています。ケスラー財団と全米障害機関によって 2010 年にまとめられた研究では、社員の 33％が、障害のある社員は障害のない社員に比べて積極的に仕事を探して見つける可能性が低いと考えていると報告されました[8]。自閉症社員は、もしその仕事や職場環境が適していれば、変化が苦手なので長い期間同じ仕事をし続ける可能性があります。

生産性の向上

　自閉症者は、集中力、細部への注意力、正確さ、事実や数字の記憶、反復的な作業や手順に集中する能力が高いことで知られています。自閉症社員はまた、職場で同僚とかかわるよりも、手元で作業課題を遂行する方により興味があります。結果として、他の人たちが退屈で反復的だと思うよ

うな作業であっても、彼らは高い生産性を示す社員であることが多いのです。

消費者へのアピール

　自閉症と関連する人たちは、この国では最も大きなアフィニティ・グループ〔（家族や親類、教師など）自閉症児者と少しでも関わりのある人たち〕の一つです。現在自閉症と診断される子どもたちの発生率は 68 人に 1 人となっています。それに加え、彼らの両親、祖父母、兄弟姉妹、叔父叔母、その他の近親者、そういった人たちは 5500 万人以上、アメリカ合衆国の人口の約 17％を占めるほどの人口なのです。このことは、このような問題に敏感で、選択肢があれば、消費者のお金を、自閉症者支援で知られている企業に費やすことになるでしょう。「2013 年コーン・コミュニケーションズ・社会インパクト調査」によると、以下のことが紹介されています[9]。

　　・企業がある要因に対して支援しようとするとき、消費者の 93％がその企業に対してより肯定的なイメージを抱く
　　・製品の質が同じで価格も同じであれば、良い支援をした企業に 89％の消費者がそのメーカーのブランドに切り替える可能性がある
　　・アメリカ人の 54％が、過去 12 か月以上引き続き、その要因に関連する製品を買った。これは 1993 年以降で 170％増加している

　ここニューヨークでは、たとえば一つのブロック内に 2 軒から 3 軒の競合する薬局を目にするでしょう。自閉症に関連する人が、ウォルグリーン流通センターが 800 人の発達障害者を雇用しているということを知っていれば、他の店よりもウォルグリーンを選ぶに違いありません。

競争上の優位性

　ますます多くの企業が、自閉症者を採用しています。いくつか例を挙げると、ソフトウェア開発会社のSAP、薬局チェーンのウォルグリーン、映画配給会社のAMC Loews、そして家電量販店のベスト・バイのような企業が自閉症者の雇用について努力していることがほぼ毎日ニュース記事で報告されています。自閉症コミュニティの規模と購買力を考えると、さまざまな企業が自閉症者を雇用しようとしているわけなので、それができていない企業は市場を他に譲っているようなものです。

法令遵守

　2013 年 9 月に、連邦契約コンプライアンスプログラム事務局は、すべての連邦の請負業者と下請け業者は 7％の障害者を雇用すべきだというリハビリテーション法 503 条最終規則を発しました [10]。もし政府や政府関係機関と 1 万ドル以上の契約をするなら、その企業は連邦の請負業者もしくは下請け業者と考えられます。このことはほとんどの大規模雇用主をカバーしています。この規則は、積極的な措置を講じて障害者を採用し、定着、昇進させることを雇用主に要求しています。

　さらに、契約が 5 万ドル以上の請負業者あるいは下請け業者で 50 人以上の社員のいる雇用主は以下のことをしなければいけません。

- ・企業を設立する際に、文書化した積極的採用プログラムを準備し、実施し、そして保持しなければならない。
- ・プログラムは毎年再確認、更新しなければならない。
- ・プログラムは、連邦契約コンプライアンスプログラム事務所の規則と同様に社員および採用申請者にいつでも閲覧できるようにしなければならない。

　あなたの会社でより統合された環境が構築できるようになる限り、自閉症社員は障害を開示することを奨励されることになります。それは、障害者雇用を行う上で、雇用主が法令遵守目標に達するための援助となります。

雇用と合理的配慮の費用が最小限

　アスペルガー症候群の社員は合理的配慮にかける多額の費用は不要です。典型的な合理的配慮とは、明確なコミュニケーション、社会的手がかりの提供、スケジュールの変更の際の通知、短い休憩や弾力的な労働時間の提供、蛍光灯の代わりに白熱灯を使用すること、そして職場で目にするかもしれない彼らの行動を理解することです。障害のない人を採用するよりも障害者を採用する方がコストがかかるといった概念は単に噂話に過ぎません。ケスラー財団とコーネル大学の研究では、障害のない人と障害のある人を新人として雇用した際にコスト上の差がなかったことを 62% の雇用者が認めました。

なぜあなたは自閉症について学ぶべきか

　現在の自閉症と診断された人たちの発生率を考慮すると、もしあなたが大きな会社で働いていたとすると、すでに自閉症社員と一緒に働いていて、管理していることになります。このような社員は、本質的に技術畑の仕事で頻繁に見つけられるでしょう。そこでは与えられた仕事をきちんとこなしています。ただ、チームや会社の文化には合っていないかもしれません。多くの場合、自閉症社員は、仕事の能力というよりはむしろ、チームや会社の文化に合っていないという理由で退職させられるでしょう。自閉症社員が行う可能性のある職場での行動を認識すること、およびこの本で示されている自閉症社員の管理技術を利用することによって、雇用主であるあなたは自閉症社員の潜在的能力を最大限に生かすことができ、コストのかかる破壊的な離職という結末を回避する可能性があるのです。

いじめと自閉症社員

　インターネットとソーシャルメディアの出現により、匿名のいじめが盛んになり、いじめは、今日の国家の最も重要な問題となっています。2012 年に英国自閉症協会が、自閉症成人の 3 分の 1 が職場でいじめや

差別にあった経験があるという研究報告を発表しています [11]。自閉症社員は職場に「なじむ」ことができず、また、さまざまな形態のいじめがあることを明らかに理解していないため、職場でのいじめの被害者になることが多いのです。社会的な環境の場でのいじめは以下のような内容です。

・失礼な言い方をする
・自閉症者をターゲットにして冗談を言う
・見下したり、侮辱したりする
・他者の目の前で自閉症者を辱める
・チームや職場の活動から自閉症者を排斥する
・噂を広める

とりわけ職場では、次のようないじめも生じています。

・高圧的なやり方で指導する
・仕事の研修や昇進をさせない
・常に仕事ぶりを非難する
・達成することができない仕事や締め切りを課す
・いい加減な仕事や面倒な仕事を割り当てる
・手柄を横取りする
・ちゃんと働いているにもかかわらず、解雇をほのめかす

　自閉症社員がいじめを受けやすいのは不思議なことではありません。彼らは、多くの場合組織の指揮系統と社会的状況を理解する能力が不足しているからです。結果として自閉症社員は、奇妙でぎこちなく、不適切、迷惑、頑固、よそよそしい、またはだまされやすいと同僚に受け取られる行動をすることになるのです。彼らは、仕事の能力が判断される唯一の要因ではないということを理解できず、このような状況になると驚いたり混乱したりします。自閉症社員が職場でいじめにあうとき、組織内に援助してくれる人たちはおらず、逃げる場所を提供しようとしてくれる人もいない

という事実によって悪化するのです。

　　　「アスペルガー症候群者は一般にいじめの被害者となります。も
　　　し誰かが微笑んで私に何かを言えば、彼らは冗談を言っているので
　　　はなく、親しみを込めて友好的であると考えてしまいます。彼らが
　　　冗談を言っているとわかったときは、もう手遅れです。そのため、
　　　職場でいじめている人たちは、アスペルガー症候群の人たちをター
　　　ゲットにしているのです」

　もし、雇用主であるあなたが自閉症であるということを開示している社
員を管理する場合は、彼らがいじめられていることを報告するように手を
差し伸べてください。もし、職場の同僚とうまくいかないけれど自閉症で
あるということを隠している社員の場合は、職場の力関係を意識した上で
いじめの兆候に注意してください。言うまでもなく、職場のいじめについ
ては常に「毅然たる態度で臨む」方式を採用し、自閉症の社員がいじめを
報告するための安全な手段を用意してください。
　あなたがこの本を読んでいるということは、あなたには自閉症であるこ
とを開示している、あるいは自閉症の疑いがある部下や同僚がいるのかも
しれません。雇用主にとっても自閉症である社員であっても、最も大きな
課題の一つは、自閉症であることを開示するかどうかです。このことに関
する最も一般的なアドバイスは、必要になったときに（自閉症に関連する
行動のために解雇される危険性が生じたときなど）自閉症社員に開示するよ
う促すことです。次の章では、「自閉症であることを開示すること」に関
する問題を議論します。それは、自閉症であると疑わしいが開示していな
い社員に「開示」を奨励することの賛否両論を含みます。

3 自閉症ということの開示と 自閉症社員のタイプ

　自閉症の発症率が上昇している（2014 年のアメリカの調査では 68 人に 1
人）ことは、35％の自閉症者が大学へ進学しているという事実と合わせ
て、強力なスキルを持ったほとんど未開発な労働力を生み出しています。
それだからこそ、職場における「ニューロ・ダイバーシティ」が今日の雇
用者の間で重要性が高まっているトピックであるということは不思議では
ありません。SAP（ソフトウェア開発会社）、CAI（コンテナリース会社）、マ
イクロソフト、EY（会計・税務コンサルティング企業）、フレディマック
（連邦住宅金融抵当公庫）などの多くの企業は、自閉症者が職場でもたらす
特異なスキルから恩恵を得るために、自閉症者を雇用することに焦点を置
くプログラムを開発してニュースになっています。フレディマックの上級
多様性スペシャリストのミーガン・ピエロチャコスは、自閉症社員のこと
を、「私たちが発見した未使用の才能の貯水池」と考えています。彼女は
自閉症の求職者を無視する雇用主たちは、「高みから人を見下し、非常に
視野が狭く、タスク指向の人である」と警告しています[12]。SAP の自閉
症就労支援プログラム長のホセ・ベラスコは、自閉症のような「ニュー
ロ・ダイバーシティ」の労働力の効果は、広範囲にわたると信じています。

　　自閉症就業支援プログラムは、信じられないほどです……私たち
　　がサポートしている顧客や地域をどのように見るか、会社としての
　　私たちを変えました。私たちはここに、会社が多様化すればするほ
　　ど良くなるというヴィジョンを持つようになりました。なぜなら、
　　それにより製品や問題解決により多くの視点を取り入れることがで
　　きるからです。これまで明らかにされたことがない視点を利用でき
　　れば、全く新しい、より豊かで、より深く、より広い世界観を開く
　　ことができるのです[13]。

　自閉症者を雇うための意識的、かつ協調的な努力をすることによって、
企業は「ニューロ・ダイバーシティ」のある人たちの優れた雇用主になる
準備をすることができます。自閉症社員を管理するための教育やトレーニ
ング、採用方法や面接のやり方の変更、明確に決められた職務と職責、お

よび指導プログラムなどはすべて、自閉症者が自らのスキルや能力を示せるようにし、サポートに必要とされるスキル全体を管理者に提供します。

　しかしながら、業務関係のニュースで読んで知っているこれらの努力にもかかわらず、公には障害者の中でも自閉症社員の雇用を検討する雇用主は、とりわけ専門職レベルではいまだに少ない現状です。このことは自閉症者を雇うために的を絞ったプログラムを実施している雇用主以外、多くの企業は自閉症を雇っていないということを意味するのでしょうか。その答えは「No」なのです。

　職場で、このような不明の自閉症の社員はどのような人たちなのでしょうか。答えは小児期の自閉症診断率にあります。これは過去 20 年で倍になりました。2000 年は 166 人に 1 人だったのが、現在は 68 人に 1 人です。この増加の主要な理由は、臨床家（心理士、ソーシャルワーカー、精神科医など）による自閉症を評価し特定できる効果的な診断技術です。結果として、今日では子どもを自閉症診断のために連れて行ったすぐ後に自分が自閉症と診断された大人の話を聞くことが珍しいことではなくなりました。マイケル・ルイス著『ビッグ・ショート（世紀の空売り）』の中心人物であるヘッジファンド投資家のマイケル・バリーは、そのような人物です。ルイスが物語るように、バリーの妻は「自閉症や関連する障害に関する多くの本をバリーに渡しました。数ページ目を通した後、マイケル・バリーは、もはや息子のことではなく自分自身について書かれているのだということに気づいたのです」[14]。

　過去 15 年間で、成人の自閉症と診断されたことを開示しようとする人たちが増加してきました。たとえば、女優のダリル・ハンナ、俳優のダン・エイクロイド、ノーベル経済学賞受賞者のヴァーノン・スミス、テレビの喜劇シリーズ『コミュニティ』の作者ダン・ハーモン、ミス・モンタナでありミス・アメリカ史上初の自閉症の候補者であるアレクシス・ウィナーマンなどです。外国との会計やアドヴァイザリーサービス会社と仕事をしている中で、私たちは息子がアスペルガー症候群だと診断された時期に自分もそのように診断されたある共同経営者と出会いました。彼はまだ開示していませんでした。彼の会社が自閉症者を積極的に採用し、合理的

配慮を行うようになるのを目にして、彼はそういった努力に加わるように
なり、最終的には自分の診断名を開示したのです。

　自閉症の発生率が上がっていくにつれて、大人の自閉症の増加と相まっ
て、雇用主にも自閉症の傾向が見られるようになりました。とりわけ、
5000名以上の社員を抱える大企業の雇用主たちです。これらの企業の雇
用主の多くは、自分たちがすでに自閉症社員を雇っていると信じています
が、その数が企業の多様性のデータに反映されてはいないことを知ってい
ます。統合されたインクルーシブな職場環境を構築したい、法令遵守を満
たしたい、またはニューロ・ダイバーシティを抱える社員をどのように合
理的配慮するかを理解したいなど、望みはさまざまですが、同じような雇
用主たちは会社の組織内で障害を開示することを促進したいと切望してい
るのです。

なぜ自閉症の開示が会社にとって
メリットがあるか

　自閉症の社員（または関連する障害のある社員）に障害の開示を求める理
由はたくさんあります。第2章で述べたように、障害を開示することは
複数の点で仕事上とても有益です。その他の理由としては次のようなもの
があります。

- **選ばれた雇用主**──知らないことに対する配慮はできません。も
し社員の一人が自閉症に関連する困難で苦労していても、雇用主
であるあなたは、彼らの困っている根本的要因を理解していなけ
れば自閉症社員が仕事をうまくやっていけるような援助はできな
いでしょう。もしあなたが、自閉症者のために開示を促し、職場
での援助を提供できる雇用主なら、障害者の社会の中で「選ばれ
た雇用主」として知られるでしょう。
- **社員の関与**──あなたの会社には自閉症者だけではなく、自閉症
と個人的なつながりのある多くの社員がいるのです。あなたの会

社が「自閉症者にやさしい」雇用主がいる会社であることを示すことは、現在働いているすべての社員の関与を高めることになります。特に、家族や友人を通して自閉症と接触したことのある人たちにとっては。

・**危機管理**——雇用主たちは、目に見えない障害のある社員が増加しているのを経験しています。障害に関連する課題を理解することは、訴訟に関連するリスクを軽減する上で重要になります。

　しかし、おそらく最も重要なのは、自閉症の社員が最大限の可能性に貢献できるようにするために、障害を開示することが必要となるからです。雇用主として、あなたはすべての社員があなたのために最善を尽くせるような環境を構築したいと考えています。

　それでは、どうやって会社に自閉症社員がいるかを判断し、どのように彼らに開示を促せばいいのでしょうか。

自閉症社員の三つのタイプ

　職場における自閉症社員は、以下の 3 種類に分類されます。

・自閉症と診断され、そのことを開示しているグループ
・自閉症と診断されているものの、開示していないグループ
・まだ自閉症と診断されておらず、そのため開示していないグループ

自閉症と診断され、そのことを開示しているグループ

　「もしあなたがアスペルガー症候群であることを雇用者に伝えるならば、明らかに何かを求めているはずで、そうでなければそれを伝えなかったでしょう」

　雇用主にとっては、このことは最も良い状況です。多くの自閉症社員が、どこで困っていて、どんな種類の合理的配慮や支援方法が仕事を達成する上で最も援助になるかをあなたに告げることができるでしょう。自閉症社員が障害開示をしたら、管理者と自閉症社員は、自閉症社員が職場で直面する問題は何か、彼らが仕事をうまくこなしていくためには何が必要かについてオープンに話し合いをしましょう。自閉症社員が障害開示をしたときに最初に行うステップを以下に示します。

①まず、自閉症に関する問題が何であるか、または何が問題とならないかについてすぐに結論を出したり、推測してはいけません。自閉症社員は一人ひとり異なっているし、職場でさまざまに異なった影響を経験しています。

②自閉症社員の声に耳を傾けてください。自閉症社員がなぜ雇用主であるあなたに障害を開示したいのかを知ってください。そして、職場で他の同僚上司にも開示したいのかどうか、そして開示するのであればどのように開示したいのかについて話し合ってください。

③障害の証明書、合理的配慮の要件、他者への開示に関する法律については、人事部のコンプライアンスチームに確認してください。

④もしあなたが、自閉症やアスペルガー症候群についてよく知らない場合は、それについて学んでください。この本はその手助けになるでしょう。

⑤必要な合理的配慮の計画を立て、人事部と自閉症社員とともに他の社員に対する追加の開示方法を検討してください。

自閉症と診断されているものの、開示していないグループ

　「私は本当に自分のことを話そうと思っていました。しかし、面接の間、私は変な人に見られているのではないかと考え、そのことによって私が仕事を得るのに公正な目で判断してもらえないのでは

　ないかと常に心配していました」

　自閉症と診断された多くの人たちは、とりわけ就職する可能性のある雇用主あるいは現在の雇用主に対して、自分のことを開示しようかどうかという問題に常に悩んでいます。障害を開示することの決定は、個人的なことであり、いろんな要因が絡み合っています。2011 年に米国障害者協会は、なぜ「目に見えない」障害のある社員が開示を行わないかについての調査を行いました[15]。その主要な五つの理由は以下の通りです。

　　①解雇される、あるいは採用されないというリスク
　　②雇用主が「障害」ということを過剰に意識することへの懸念
　　③健康管理を失うというリスク
　　④機会が限られてしまうことへの恐れ
　　⑤上司が支援的でないかもしれないという不安

　雇用主の多くは、自閉症社員が自分のプライバシーを守るために開示しないと思っているかもしれませんが、それは違います。プライバシーは、彼らが開示しない理由の 9 番目で、プライバシーを懸念事項と挙げているのは 3 分の 1 未満でした。
　私たちは、自閉症者が障害開示をすることは、それは通常雇用主にとっても自閉症社員にとっても長期的に最もメリットになると信じています。しかしながら、私たちは自閉症と診断された人たちに、開示の質問に対しては正しい答えも間違った答えもないということを実際にはアドバイスしています。私たちは、彼らがよく知っていて、職場の力関係を理解している人に相談することを勧めますが、どのような決断をするにしても、納得できることが重要だと強調します。

まだ自閉症と診断されておらず、そのため開示していないグループ

　当然のごとく、自閉症社員にとっても雇用主にとっても職場で対応するのが最も困難なグループです。双方とも、自閉症の行動の根本的な原因やその対処法を理解せずに、自閉症に伴う課題を何とかしようとしている可能性があります。

　私たちは、雇用主が自閉症（もしくはその他の障害）の疑いのある社員を診断することには強く反対しますが、雇用主が神経多様性のある人全般に対する感受性と理解を促してもよいと思います。賢明な雇用主は、自閉症社員の行動を観察し、この本で説明されている行動と比較し、管理方法を利用し、自閉症（と疑われる）社員が最高の状態で働けるようにすることを学ぶことができるでしょう。

開示を促すにはどうすればよいのでしょうか？

　多くの自閉症者は二つの理由のうちの一つのため、雇用主に障害を開示します。一つは、雇用主が自閉症社員の状況を理解し、必要な範囲で合理的配慮を提供してくれると信頼しているからです。もう一つは、自閉症社員は合理的配慮を必要としており、それらなしでは仕事を失うリスクがあるからです。開示について考える際に、理想的な状況は、解雇されることを恐れるときの保護手段としてというよりはむしろ、合理的配慮の必要性に関係なく、自閉症社員の仕事が順調に進んでいるときに開示してもらうことです。

　では、どのように自閉症の社員に開示することを促せばよいのでしょうか。「自閉症にやさしい環境」を構築することが、自閉症社員に障害開示を促す上で最も効果的な方法です。以下に企業が自閉症にやさしいことを目指して努力できる方法を示します。

●研修

　人事担当者、管理者そして同僚上司に対して、自閉症について、独特のスキルや職場で示す可能性のあるちょっと変わった行動などの研修を行います。このことによって、自閉症社員は、自分の異なった行動や必要な合理的配慮が同僚上司に短所として誤解されなくなるということで安心することができます。

●インクルージョン

　ニューロ・ダイバーシティのある人を含む、多様な特性のある人の雇用を促進します。

●社員支援グループ

　障害者の多様性プログラムと実践の推進に参加するために、障害者社員のための「社員支援グループ」を利用します。

●開示の手段

　自閉症者が開示するために会社内に多くの選択肢を作ります（たとえば、社員支援プログラム、人事、直属の上司、社内ポータルなど）。

●社内指導教育プログラム

　経験豊富な自閉症社員と新人自閉症社員をペアにした自閉症社員のための社内指導教育プログラムを作ります。自閉症の指導者を新人の自閉症社員に割り当て、会社の社会的および文化的規範を通して、彼らを指導するのを援助します。

　開示することが、自閉症社員のために「すべてか０か」といった決定である必要もありません。会社内で注意深く選ばれたグループの人たちだけ（人事担当者、直属の上司、そしてほんのわずかな同僚たち）に対する部分的な開示が、ある程度のプライバシーを維持しながら自閉症社員が必要とするサポートを提供できるかもしれないからです。

　もし雇用主のあなたがこの本を読んでいるなら、少なくとも一人の自閉症社員もしくはそうだと考えている社員を知っているのでしょう。そして、その社員が能力を最も発揮できるような環境をどのように提供すべきかの

答えを探しているものと思います。あなたは小さい会社でほんの数人の社員を雇用しているかもしれません。あるいは世界中に何万人もの社員を抱えた多国籍企業を経営しているかもしれません。会社のサイズにかかわらず、完全には理解できていない「目に見えない」障害者への効果的合理的配慮を提供することは非常に困難に思えるでしょう。

　上に示したいくつかのプログラムは、あなたの会社では難しいかもしれません、あるいは自閉症社員の緊急な必要性に対処するにはより多くの時間がかかるかもしれません。この本は、雇用主が、どんな規模の企業においても、すぐに実践できるようなアドバイスを提供できるようにまとめられています。私たちは、自閉症社員が職場で直面する可能性のある問題を三つの領域に分類しました。

　・人とのかかわり
　・仕事の遂行能力
　・感覚の異常性

　これらの領域において自閉症支援のもたらす影響を理解することは、自閉症にやさしい職場環境（それはすべての社員にも恩恵をもたらす）を構築する上で重要なステップになります。すべての雇用主たちがこれらのプログラムを理解し、受け入れて、インクルーシブな職場環境を作り、目に見えない隠れた障害のある社員が自由に自分の障害を開示できるようになることを応援します。と同時に、この本が日常的に自閉症社員とともに働くための専門的支援技術や管理方法を実行する上で役立つことを願っています。

第II部

職場における人とのかかわり

4 職場で生じる人とのかかわりとは

　職場にうまく「なじめない」というのは、自閉症社員の最も一般的な課題の一つです。職場は、他の社員たちのかかわりや協力を要求される社会的環境です。昼食、会議、休日の集まり、そして廊下や給湯室での会話などは、すべて同僚と一緒に働いたり会話したりする機会になります。自閉症は「隠れた障害」と考えられていますが、自閉症社員の観察しうる行動は、ときに迷惑で、奇異で、失礼で、思いやりのないものと説明されます。多くの自閉症社員は同僚上司とかかわりたいのかもしれませんが、彼らの社会的スキルの欠如によって、同僚上司とのかかわりが難しいものになっています。結果として、自閉症社員の中にはできるだけ人とかかわろうとせず「孤独な人」とみなされてしまう人がいます。

　すべての職場には、自閉症社員が理解することが難しい（紙に書かれていない）社会的ルールがあります。たとえば、企業の中には、社員の誕生日にケーキや贈り物をするためにお金を出し合うようなところがあります。また別の企業では、同僚たちが一緒に昼食をとったり、年に１、２回週末にどこかへ出かける計画を立てたり、地域におけるボランティアサービスデイを準備したりすることがあります。自閉症社員の中には、このような活動に興味がなく、重要だとも思わない、そのため参加したくないと思い、同僚たちを疎遠にしてしまう可能性があります。また逆に、自閉症社員の中で昼食に参加するものの、他者の気持ちを無視して、自分の興味のある話題について詳細にしゃべり続ける人もいます。

　自閉症社員の中には、会社のポリシーを文字通りに解釈してしまう人もいます。たとえば「オープンドア」を「すべての会社のドアは24時間常に開けたままにしておかなければならない」あるいは「誰でもいつでも上司や同僚の部屋に入ることができる」と捉えたりする場合があります。また、自閉症社員はある意味正直なので、職場で同僚の体重増加を指摘することが、鈍感で失礼であるということを理解できないことがあります。

職場における「隠れたカリキュラム」

　「隠れたカリキュラム」というのは、教えられることなしに誰もが知っ

ている社会的情報のことです。それは、職場においてすべての人たちに理解されていると考えられる多くの社会的ルールの基本となるものです。それは、ボディサインやスラング、他の曖昧な社会的手がかりのような、言葉によらないサインを解読することを必要とします。ジェスチャーや顔の表情、あるいは言われた言葉と一致しないような声の調子の理解も同様です。職場における「隠れたカリキュラム」を理解することは重要です。なぜなら、それはほとんどの人たちが「礼儀正しい」行動であると考えるものを含み、社員が一緒に働く同僚の要求や期待を解釈するのに役立つからです。

　「隠れたカリキュラム」は、とりわけ自閉症社員には混乱をもたらします。もしあなたが同僚とかかわる際に次のことを考えている、と気づいたことがあるなら、それは多分隠れたカリキュラムの問題に対処しているのです [16]。

　　　・「あなたに言う必要はないのですが……」
　　　・「私は〜と思います」
　　　・「私は〜を期待しています」
　　　・「それは明らかに〜です」
　　　・「誰もが〜ということを知っています」

心の理論

　「隠れたカリキュラム」は主に、他者が考えていることを理解して適切に行動できる能力に基づいています。まず、子どもは自分の心の中にあることだけを知りますが、成長すると自分以外の人々の反応から、自分の行動が他者にどのように影響するのかを徐々に学んでいきます。子どもから大人に成長するにつれて、他者の行動がどのように彼らの内なる考えや感情を反映しているかについての数多くの無意識の知識を獲得します。自分の行動に対する反応を認識することによって、他者がどのように自分を認識しているかを理解するようになるのです。私たちは他者の心の中がどの

ようなものかを完全に知ることは不可能ですが、他者の言った言葉や表情に出ている非言語的な手がかり、そして声の調子などに基づいて彼らが何を考えているかを想像します。研究者はこの他者の視点を理解する能力のことを「心の理論」と呼んでいますが、ほとんどの人はそのことを「相手の立場になって考える」ものと捉えています。

　効果的コミュニケーションや社会的かかわりの容易さは「心の理論」に依存します。自閉症社員はこの分野が苦手で、自分の行動に対する反応を見逃したり、誤解したりすることがよくあります。自閉症社員は絶え間なく話をしたり、他者の話を中断したり、自分の意図や視点を超えて見ることができなかったりします。そのため、自閉症社員は、自分の発言や行動が相手に与える影響を予測したり、相手の意見や計画、視点を考慮したりすることができず、無神経で無礼な印象を与えてしまうことがあります。

文脈の役割

　「心の理論」には、私たちが他者の心を推し量ることだけではなく、周囲の環境や自分自身の経験や感情など追加的な情報を自発的に統合することが含まれます。しかしながら、人とかかわるという社会的行動の意味が絶対的で固定的であることはほとんどありません。たとえば、友人が泣いているのを見たとき、あなたはどのように反応しますか？　多くの場合は「状況による」という答えでしょう。なぜなら涙は悲しみ、喜び、怒りなどのいろんな感情、あるいは玉ねぎを切っているときの身体的な反応などに起因するからです。一瞬の間で、いろんな情報源から友人がなぜ泣いているのかといった全体像を本能的に把握し、適切な対応をするのです。

　「状況」を別の言葉で表すと「文脈」になります。文脈を意識して敏感になることは、「心の理論」の重要な要素になり、一般的な情報処理にとっても同様です。文脈により、重要なことに集中し、そうでないものは無視することができます。情報が曖昧だったり、完全でないときや複数の意味が存在するときでも、文脈により正しい意味を理解することができます。最も重要なことは、文脈によって複数の情報をフィルターにかけるこ

とができ、最も関連性の高いものを組み合わせて、首尾一貫した全体像を作ることができるということです。

　自閉症社員はその文脈を理解することが困難なため、一度に一つの情報に反応してしまいます。このことは、人とのかかわり方などの社会状況を理解することを困難にします。なぜなら、文脈は常に変化するため、彼らの解釈は制限され、あるいは不正確になってしまう可能性があるからです。

　　　「たとえば、私がある部屋に入ると誰かが泣いている。なぜその
　　　人が泣いているのかわかりません——ただその部屋に私がいて、泣
　　　いている人がいる。ということは私がその人を泣かせてしまったの
　　　でしょう。なぜなら、私は自分をその状況に置いたり、『私が部屋
　　　に入る前に何かが起こったから、その人が泣いているのは他の何か
　　　のせいで、私が何かをしたとは限らない』と考えることはできない
　　　のです」

　自閉症の専門家であるピーター・バーミュレン博士によると、自閉症者たちは「文脈に気づかない」であるということです。すなわち文脈そのものは理解しているかもしれませんが、それを自発的に応用して使うことができないのです[17]。その結果、柔軟性に欠けた、しばしば不適切な行動をとってしまうのです。しかしながら、バーミュレン博士は、もし自閉症者が適切な行動ができるような社会状況の正しい意味を見つけて学習できるように、我々が「文脈ボタンを押す」ことによって、彼らが文脈を利用できるようになると考えています[18]。

　自閉症社員の迷惑で、不適切な、あるいは破壊的な行動に対処するには、同僚上司の視点からだけではなく、「自閉症の視点」からも検討する必要があります。「具体的な状況（たとえば文脈）」を考慮することによって、私たちは自閉症社員が世界をどのように見ているかを、私たち自身の「心の理論」で理解することができます。このアプローチを通して、行動が適切でないときとその理由を見極める手助けができ、さまざまな状況下で代替策を提供することができるのです。

職場での典型的な社会的かかわりの課題

どんな職場においても、同僚との非公式な付き合いや職場の決まりのニュアンスの理解など、「心の理論」や「隠れたカリキュラム（文脈）」と関連する社会的側面があります。自閉症社員たちは以下のような問題を生じる可能性があります。

- ・しゃべりすぎたり、情報を伝えすぎたりする
- ・不適切なことを言う
- ・人の話を遮る、同じことを繰り返す
- ・アイコンタクトをとる、または維持することが困難
- ・顔の表情を読む、顔を認識することが困難
- ・皮肉や慣用句を解釈することが困難
- ・人とのかかわりや職場の決まりへの対処が困難

うまく人とかかわっていくための障害開示と合理的配慮

　自閉症社員が職場で人とのかかわりに困難を示すときには、うまくいく方法が見つかるまで、雇用主はさまざまな方法を試みる必要があるでしょう。どんな障害でもそうですが、障害を「開示」することによって、上司や同僚は、職場の社会状況の中で本人の行動が他者にどのような影響を及ぼすか、またどのように対処するのが最も効果的かなどについて、敬意を持って自閉症社員と「オープンな対話」ができるようになります。

　自閉症の診断を受けている人の中で、開示している人たちの多くは、人とかかわる上での困難と仕事をうまくやっていくためにどんな合理的配慮が必要かについて認識しています。しかしながら、職場での人とうまくかかわっていくための最も効果的な合理的配慮は、特に問題となっている行動が本当に仕事のパフォーマンスに影響を与えたり職場環境を混乱させたりしていないのであれば、自閉症社員がこのような職場の人間関係をどの

表 4.1　職場の人間関係がうまくいくための合理的配慮のタイプ

	定 義	事 例
理解	自閉症社員の文脈で行動を見る方法	自閉症社員は一般に「世間話」を必要ないと考えています。
方略	使えるシンプルな戦術	話すのをやめるための簡単なキューを出す。
ルール	受け入れられる行動の要素を定義する具体的な指示文	「職場では宗教に関する話はしてはいけません」

ように考え、経験しているかについて、同僚上司がより理解することです。同僚上司の理解に加えて、自閉症社員がさまざまな人とのかかわりに取り組み、そこから学ぶことができるように、表 4.1 の方略とルールでは、「文脈ボタンを押す」ことができる具体的な方法を提供します。

　次からの二つの章、「会話」と「人とのかかわり」では、これらの分野での課題に関連する最も一般的な行動と、それらに効果的に対処するためのさまざまな合理的配慮について説明します。

5 会 話

　私たちの祖先が「かがり火」を囲んで物語を語った人類の黎明期から、話すことは人間にとって必要不可欠でした。話すことによって、私たちは自分の夢、敗北、喜び、そして悲しみを共有し、今度は他の人が自分の話をするのを聞きます。

　コミュニケーションは聞き手と話し手との間のやりとりと聞き手の反応の解釈で成り立っています。そうすることで適切に応えることができるのです。会社の中で会話の上手な人は、賞賛されますし、同僚とのコミュニケーションが困難な人は、次のような否定的な反応を引き起こします。

　　・「私は彼と話しているとき、レンガの壁と話しているようです」
　　・「彼は自分のことしか話しません」
　　・「彼は自分が何を言っているかわかっていません」

　一般的に会話は楽しい経験です。私たちは人とつながり、情報を伝え、そして自分の考えや感情を共有するために会話をします。人との会話に関連する「隠れたカリキュラム」では「文脈」と「心の理論」が重要な役割を果たします。私たちがある状況においてしゃべったことが、別の文脈においては適切ではないことがあるからです。たとえば、私たちは正直であること、真実であることに価値を置いていますが、時には相手の気持ちを考えて「罪のない嘘」をつくこともあります。

　しかしながら、自閉症社員は、適切な会話をすることがしばしば難しいのです。特定の関心ごとを延々と話し続けたり、不必要なことを次々と話したり、一般的には失礼と思われるような発言を遠慮なしにしたります。このようなふるまいは同僚に迷惑をかけたり、イライラさせたりします。

　この章では、自閉症社員の会話に関して最も頻繁に取り上げられる問題である、「しゃべりすぎ」や「繰り返し」「不適切な話」「間違ったタイミングでの話」などを取り上げます。

<u>肯定的な側面</u>

・自閉症社員は知識を共有することに熱心で、多くの場合その分野
　の専門家となり、その情報を担当する部署の「主力選手」となり
　ます。
・自閉症社員は「世間話」の必要性を感じないので、人付き合いの
　時間を必要とせず、仕事に集中する傾向があります。
・意見を求められれば、職場の決まりを無視してでも正直に答えて
　くれます。

この章を読む際には、すべての自閉症社員がここで取り上げたような
行動を示しているわけではないということを覚えておいてください。
自閉症社員はそれぞれ異なっていて、自閉症に関連する課題もそれぞ
れ独自のものになります。

事例 5.1　彼は一体いつ話すのをやめるんだろうか？

トム、元気？

昨夜は頭が痛くなったので、アスピリンを飲んだんですが、
治まらなかったので一睡もできませんでした。だから、
朝遅く目が覚めて、バスに乗り遅れて、7番通りまで歩いて
いって23番のバスに乗ったんですが、交通量が多くて、
ウォーター通りではなく、フロント通りで降ろされたから、
デリに着くまでに私の好きなマフィンは売り切れでした……。

彼は一体いつ話すのを
やめるんだろうか？

この事例に含まれるトピック

　　・多すぎる情報
　　・会話を支配する
　　・独り言
　　・世間話ができない
　　・繰り返して話す、特に自分の興味のある話題について

このような場面に遭遇したことはありませんか？

　　・ある社員に、あるテレビ番組が好きだと何気なく話したところ、
　　　彼はあなたに会うたびに、出演者や最新のエピソードを詳細に伝
　　　えるようになりました。そしてあなたは思います。「彼は一体い
　　　つ話すのをやめるんだろうか？」と。
　　・他の社員と会話する際に、一人の社員が会話を独占しがちであっ
　　　たり、自分にあまり興味のない話題にはあまり意味がないと思っ
　　　ています。

根本的な問題は何なのでしょうか？

　私たちがお互いにつながる主な方法の一つは会話を通してです。私たち
が当然のこととして行っている双方向の会話は、相手が自分に話したこと
とそれに対する自分の反応という前後の情報を自発的に処理する複雑な活
動です。会話は必ずしも直線的なものではなく、特にランチのときや会議
のときなど複数の人たちが話しているときは、すぐに話題が変わってしま
います。定型発達の人（自閉症ではない人）にとっては、さまざまな場面
でさまざまな人との会話は直感的なものですが、自閉症社員にとっては、
この過程は困難なものなのです。結果として、自閉症社員は他者とかかわ
りたいという意識はあっても、そのためのコミュニケーションスキルが欠
如しているのです。

　自閉症者は人「と」話すのではなく、人「に向かって」話すということで知られています。目まぐるしく変化する会話の流れを把握しながら、重要な情報とそうでない情報を選別するのは自閉症者にとって難しいことなのです。自閉症者は何を話すべきか考えるのに苦労します。とりわけ、一つの発言に対して複数の反応があるような場合にはなおさらです。たとえば、同僚が週末に梯子から落ちたと話したときの反応を考えてみましょう。「怪我はありませんでしたか？」「梯子で何をしていたのですか？」「今はどんな感じですか？」といった質問になるかもしれません。しかしながら、自閉症社員は、人よりも梯子に注目し、どの梯子が一番安全であるかといったことを独り言のように話し始めるかもしれません。

　自閉症者は固定された興味のある話題について話すことで、無限にあるように思われる社会的状況をコントロールすることができるのです。もし自閉症社員に彼が興味を持っていることを何気なく話したら、翌日にはその同僚はあなたを探して、そのことについて無数の事実を教えてくれるかもしれません。

会話と心の理論

　自閉症社員の興味関心は非常に狭いものの、その興味関心がある領域ではとても深い知識になっていることがあります。彼らは狭い領域に専門性があり、時に難解な分野の専門家になることもあります。自閉症者は自分の知っていることに対して情熱を持ち、その知識を研究し、保持する能力に誇りを持っています。独り言を聞き終えた人たちにはそのように思えないかもしれませんが、自分の知っていることを他者と共有することが彼らの結びつきの方法なのです。

　自閉症者は「心の理論」で苦しんでいるので、自閉症者が興味のある領域や詳細に他の人が興味を持っていないということが理解できないのです。自閉症者は、会話をやめるという微妙なサインである表情や身振り手振りを見逃してしまう傾向があります。

　　「ウォールストリートジャーナルの記事について、多くの人が見

　　逃してしまうような深みのある話を——つまり、異なる経済や市場
　　を比較対象とするような話を——し始めると人は私から離れていく
　　のです」

　自閉症者は会話を支配してしまうことがあります。なぜなら、彼が好き
な話題についてどれくらい長い時間話し続けているかが理解できないから
です。あるいは、話の流れが変わったり、自分がその話に貢献できないと
感じたときに自分の好きなゾーンへ戻そうとするからです。

情報が多すぎる

　もし誰かに質問されたときに、「どんな」情報を「どれくらい」提供す
ればいいかは状況に応じて判断できるでしょう。しかしながら、自閉症者
はどの項目が関連しているか区別することができないのです。「あなたの
ことを教えてください」と言われたら、生まれた日にち、時間、場所、病
院などを具体的に説明して、自分の人生を語り始めるかもしれません。プ
ロジェクトの最新情報を求めると、誰とどんな会議をしたかが次々と出て
くることがあります。ある雇用主がこれを評して、「アメリカ独立戦争の
簡単なあらすじを教えてほしいと言うと、百科事典の全編を聞かされる」
のだと言っていました。
　親しみを込めて天気の話をするといったことはほとんど意味がないと感
じる自閉症者にとっては、「世間話」(時間や会話の隙間を埋めるための軽い
会話) も困難かもしれません。同様に「コーヒーブレイク」の時間に週末
の話をすると、その影響を直接受けていない場合や、仕事にも直接関係し
ないのなら、自閉症社員にとっては関係ないと思うかもしれません。

　　「みんながサッカーやNASCAR (アメリカの自動車レース)、今週
　　末の予定などの話をしていても、私はあまり興味がありませんし、
　　通常はそれに近づかないようにしています。もし誰かがアメリカの
　　初期の歴史やコンピューターについて話したいと言えば、私は何時
　　間でも話をしますよ」

繰り返される言動

　繰り返して同じ話をすることは、自閉症者に限ったことではありません。私たちは誰でも、数日間にわたって「大試合」のあらゆる側面を話題にしたり、新車について繰り返し話をしたり、1週間にわたって毎日休暇の写真を見せてくれる同僚に出会ったことがあります。結局、自分が興味を持ったことについては他者にも共有してもらいたいと思うのが人情です。このような人たちはやがて他の話題に移っていきますが、自閉症者はそうはいきません。

　自閉症者にとっては、興味のある話題を繰り返し話すことは、親近感や同質性が得られ、人と接するときに安心感や自分をコントロールできる感覚を得ることができるのです。残念ながら、自閉症者は行動を規制したり、社会的サインを理解することが困難です。そのため、何気ない質問に対する適切な返答や会話の試みが、最初の交流をはるかに超えて一人歩きしてしまい、同じ話題を10回も聞かされるのを避けるために、同僚の人たちが自閉症者を避けるようになるのです。

しゃべりすぎの自閉症社員には
どのように対応すればいいのでしょうか？

　しゃべりたがりの自閉症者に最も効果的な方法は、（自閉症者すべての人に言えることではありませんが）彼らが社会的につながりたいと思っている可能性が高いことを理解することです。

　職場での人付き合いの中で、自閉症社員が仲間はずれにされないように、自閉症社員だけではなく、同僚上司を含めて指導する必要があります。同僚上司に対しては、自閉症社員に敬意を持つことは必要ですが、話を中断して、「とても面白かったですが、そろそろ自分のデスクに戻らなければなりません」と自閉症社員に伝えるのが適切であることを説明します。

　同じ話題を何度も聞かされるのは迷惑です。しかし、自閉症者は、他者が興味を失っていることを示す社会的なサインに気づかないのです。「もう○○のことについてはたくさん話したので、他のことについて話をしましょう」と行動を制限しましょう。もし自閉症社員が人とかかわる場所

（たとえば、昼食を他の同僚上司と一緒に食べるような）に参加したいという
要望があれば、雇用主であるあなたはどのような話題が不適切なのか（た
とえば宗教の話題）、またその自閉症社員が話題に特に興味がなくても「世
間話」の仕方について指導し、ルールを教えてあげるべきです。

　　「私は、スポーツに関する本を読むことにとても興味を持ち始め
　　ました。スポーツは、表面的なものではありますが、良いつながり
　　になります」

　自閉症社員が常に「情報過多」である場合、カジュアルな挨拶やコー
ヒーブレイクの会話など、短い回答で十分な場面を特定し、1分以内の適
切な会話を練習させます。もしあなたが緊急のプロジェクト情報が必要な
場合は、「数分しか時間がないので、重要なポイントだけを教えてほしい」
と知らせます。

関連する章

　　・第 6 章　人とのかかわり

事例 5.2 　彼はなんてことを言うんだ！

ジョーに休憩室を
案内してもらっていいかな？

いえ、よくありません。

この事例に含まれるトピック

・不適切なことを言う
・不適切な話題を持ち出す
・同僚を侮辱する

このような場面に遭遇したことはありませんか？

・あなたの会社の社員が会議室に集まっています。3週間の休暇から帰ってきた社員の一人としゃべっていました。そこに別の社員が入ってきてこう言ったのです。「あら！　佐藤さん、太りましたね」。あなたは、「彼はなんてことを言うんだ！」と思います。
・ある自閉症社員が昼食時に同僚たちの隣に座って、同僚の食事の中に存在する菌について延々としゃべり続けていると、その同僚たちは苦情を言います。

・会議中に上司が提言した内容について、ある社員が笑って、「その提言は私が今まで聞いた中で最もおろかなアイデアです」と言いました。

根本的な問題は何なのでしょうか？

　第Ⅱ部の冒頭で述べたように、「適切な行動」や「礼儀正しい行動」は、生活を通してさまざまな対人関係の場面で身につける「隠れたカリキュラム」、つまり社会的なルールに基づいています。子どものころに、「おもちゃを分け合う」「大人に口答えしてはいけない」など、社会的な規範の中でのさまざまな行動を学んできました。成長するにつれ、両親や教師は白黒はっきりしたルールに頼らず、ある行動がなぜいけないのか、その行動が他の人にどのような影響を与えるのかを重視するようになりました。同様に、「隠れたカリキュラム」と呼ばれるルールの多くは、明確に教えられているわけではなく、さまざまな状況を経験する中で社会的ルールを破ったり守ったりした場合の結果を観察することで学んでいきます。

　「隠れたカリキュラム」は、「心の理論」と呼ばれる、ある状況下で誰がどのように考え、感じ、反応するかを想像することで成り立ちます。私たちは、人と接するときに、その人の行動が道徳や社会的規範に沿っているかどうかを判断し、それに応じた対応をするために、「心の理論」を日常的に使っています。しかし、共通の場でのやりとりであっても、それらはほとんど構造化されておらず、複雑で、予測可能なものではありません。また、ある文脈では適切だと思われることでも、別の文脈ではそうでないこともあります。

　自閉症者は、世界を高度に構造化されたものとして捉え、白と黒、善と悪という観点から考える傾向がありますが、それは人はどんな状況でも常に同じように考えたり行動したりするわけではないという現実と矛盾します。自閉症者は、自分の発言や行動が及ぼす影響を予測したり、他人の意見や計画、視点を考慮したりすることができないことが多いため、無神経で無礼な印象を与えることがあります。自閉症者は、不適切な発言をした

り、宗教や人種、極端な政治的見解、あるいは個人的な情報などを話題にしたりしますが、それらが社会的に不適切であることに気づかないこともあります。自閉症者は、他の人が不快に感じたり、ショックを受けたり、非常に生々しいと思うような分野に自分の特別な興味を示すことで、通常の会話の中で同僚を不快にさせることがあります。

　自閉症者はまた、「隠されたカリキュラム」のルールを理解することが難しいという問題に加えて、自分の発言にフィルターをかけることが困難であるため、不注意に同僚を侮辱してしまうことがあります。また、「それは本当にばかげたアイデアだ！」や「それがうまくいかないことは誰でもわかる！」といった厳しい言い方で自分の意見を述べることもあります。

文脈と隠れたカリキュラム

　行動が適切かどうかは、文脈（人とのかかわりがある周囲の状況）に大きく左右されます。人とかかわる世界、特に「隠れたカリキュラム」の世界は複雑で、どのように人とかかわるかを理解するために関連する詳細な状況を自発的に収集する能力に依存しています。人とかかわる社会は全く同じ状況ではないので、共通点に注目し、関連する社会的ルールを適用することで、ある状況から別の状況へと応用させていきます。たとえば、先生に口答えをして叱られた子どもは、やがて偉い人に対しては誰にも口答えをしないようになります。

　自閉症者は、他の人にとってはほんの些細なことと思えるような違いも含めて、環境の変化に非常に敏感に反応します（第Ⅳ部「職場での感覚の問題」参照）。自閉症者にとって、「隠れたカリキュラム」のルールを般化することは困難です。なぜならば、似たような社会的状況では、共通点よりも異なる点に気づく傾向があるからです。その結果、自閉症者は、ある社会的状況を似たような社会的状況とは異なるものであると認識してしまい、どの社会的ルールが適用されるのかがわからなくなったり[19]、自分が不適切な発言をしたことに気づけなくなったりします。たとえば、上司から「ランチで人と話すときは、ある話題は禁止」と言われたことがある自閉症者は、同じルールが職場全般に適用されることがわからない可能性があ

ります。しかしながら、自閉症者は、明確な社会的ルールと、そのルール
が適用されるさまざまな状況についての説明が与えられれば、同僚との適
切なやりとりを学ぶことが・で・き・るのです。

誠実さ

> 「自分の行動や言動が、他の人たちにどのように影響を与えてい
> たか全く気づいていませんでした。私は常にトラブルを起こしてい
> ました。幸いなことに、大きなトラブルにはなりませんでしたが、
> 小さなトラブルは数え切れないほどありました」

　自閉症者は、他人の視点を理解することが難しいため、自分の考え方が
唯一の方法であるとみなしてしまう傾向があります。自閉症者は事実に基
づいた世界に住んでおり、「真っ正直」であることで有名です。自閉症者
に、たとえ修辞的に質問しても、返ってくる答えは正直で直接的なものだ
けになるでしょう。たとえば、「大変申し訳ありませんが○○していただ
いてもよろしいでしょうか」と言ったとすると、多くの人たちは、これを
質問ではなく、丁寧な依頼として理解してくれるでしょう。しかしながら、
自閉症者は、この言葉を文字通りに解釈して、他にやりたいことがあれば
正直に「いいえ」と答えてしまうかもしれません。
　嘘をつく能力は、子どもの成長過程における正常な側面です。「罪のな
い嘘」は、「隠れたカリキュラム」の一部であり、「心の理論」に依存して
います。これは、真実ではない考えを意図的に他者の心に置くことを伴う
ので、自閉症者にとっては難しいことなのです[20]。定型発達と言われる
人たちは、誰かの気持ちを思いやったり、仕事上の状況をスムーズにする
ために、「罪のない嘘」をつくことがあります。しかし、自閉症者は、自
分が言ったことの結果を考えずに、体重の増加などの明らかに事実と思わ
れることを指摘して、意図的ではないのですが同僚を侮辱してしまうこと
があります。

不適切なことを言ったり、侮辱するようなことを言う
自閉症社員について
雇用主はどう対応すればよいのでしょうか？

　「隠れたカリキュラム」を理解することが困難なので、自閉症社員に対応するときには、職場で適切な社会的行動を行えるように「明確なルール」を提供することがとても大切です。会社の中ではどのように行動するべきかという具体的なガイドラインを直接伝えることで、解釈の余地をなくし、多くの自閉症者が感じている「適切な言動がわからない」という不安感を軽減することができます。

　たとえば、政治的な話をすることが非常にオープンで受け入れられており、そこから生まれる激しい議論はその職場にふさわしい組織もありますが、他の組織では絶対にそうではありません。政治、宗教、性的指向、民族などのデリケートな話題や、他の同僚に不快感を与える可能性のある個人の特別な趣味などを含めた「話してはいけないことリスト」を作成するのが効果的な指導法です。このリストには、自閉症社員が同僚の外見について、体重、胸、身体的な異常など、（正確ではあるけれども）、恥ずかしい、侮辱的、または傷つくようなことを声を出して言う傾向がある場合のコメントを含めてもよいでしょう。

　軽率な言動や行動が同僚にどのような影響を与えるかを冷静に説明し、必要に応じて簡単な謝罪の仕方を練習します。社会的なルールと同じようなシナリオを作成し、わかりやすく示すことで、自閉症社員は今後、同じような状況が生じた場合、どのように行動すればよいかを学習することができます[21]。

　時には、「何を」言っているかではなく、「誰に」言っているかが問題になることもあります（例：上級管理者やCEOに対して、プロジェクトの問題点を片っ端から挙げていくなど）。自閉症社員には以下のようなルールが有効です。

　　・自閉症社員がコンタクトしてもよい人は誰なのか（口頭または
　　　メールのどちらも）

・どのように連絡すればよいか

・どの程度の詳しさやフィードバックが適切か

　同僚や上司が、「大変申し訳ありませんが○○していただいてもよろしいでしょうか」と言った場合、それはYes/Noの質問ではなく、要求であることを自閉症社員に説明しておきましょう。

　もし自閉症社員が仕事上で同僚を批判したり、侮辱的と感じられるような発言をした場合は、雇用主であるあなたは自閉症社員と一緒に座って、質問をすることによって発言を「組み立て直す」方法を教えましょう。たとえば、「それはばかげた考えだ」とか「皆○○○を使うべきだということは知っている」と自閉症社員が発言したら、「○○○の使用を考えてみませんか」あるいは「○○○にはどのように対処しましょうか」と言い換えることができます。そうすることで、自閉症社員の無愛想な返答のキツさが軽減されるだけでなく、自分の考えを伝えることができ、また同僚上司からより多くの情報を得ることができます。

　多くの自閉症者は他者とのかかわりを持ちたいと思っており、一般的に意図して侮辱的、批判的、不適切な態度をとっているのではないということを覚えておきましょう。一般的に、自閉症社員に職場での適切な話題や対応法を教えることは、非常に効果的です。しかしながら、自閉症社員が同じ間違いを繰り返すようであれば、上司が自閉症社員に「安全な」話題のリストを更新し、練習させましょう。

関連する章

・第 6 章　人とのかかわり

事例 5.3　今じゃないだろう。

この事例に含まれるトピック

・不適切な時間に話しかける

・他者の会話に割り込む

・中断されると、最初から説明を繰り返す

・話題や意見を中断できない

このような場面に遭遇したことはありませんか？

・社長が四半期決算について報告をしている最中、非公式に次のように言いました。「もし質問があればいつでもどうぞ」。すると、一人の社員が手を挙げることもせず数分ごとに質問を続けるのです。「今じゃないだろう」とあなたは思います。

- ある社員が、プロジェクトの方向性に関するチームの決定に同意せず、その意見をやめようとしません。チームミーティングでプロジェクトの進捗状況が話題になると、彼はいかにプロジェクトが間違った方向に進んでいるかを詳細に説明します。
- 雇用主であるあなたがある社員に、あるプロジェクトの最新情報を尋ねました。あなたが質問をするために彼の話を中断すると、彼はそれに答えて、また最初から最新情報の話をし始めました。

根本的な問題は何なのでしょうか？

　自閉症者の場合、「間違ったタイミングで話す」ということは、相手の立場や状況などの文脈や「全体像」を理解していないことが多いものと思われます。ほとんどの人はこれを「空気を読む」と言い、社長室に押しかけてはいけないという「隠れたカリキュラム」のルールや、何かを議論するのに適したタイミングではないことを示す非言語的なサインを理解しています。他人の視点を理解すること、すなわち「心の理論」が大きな役割を果たします。自閉症社員は、同僚や上司の意図が自分の意図と一致すると思い込んでしまうことがあるのです。また、ある環境では自分の意見や考えを表現するやり方が他の環境では通用しないことに気づかないこともあります。たとえば、非公式に自分の考えを出し合う場では、思いついたアイデアをどんどん発言することが奨励されますが、会議では、発言を許されるまで待ってから発言するか、公式な発表会では全く発言しないことが一般的です。

話の最中に割り込むこと、割り込まれること

　同様に、自閉症社員は、グループでのプレゼンテーションは中断せずに進める必要があり、「遠慮なくいつでも質問してください」という言葉は必ずしも文字通りには受け取られないことを理解していないかもしれません。多くの自閉症者は、字義通りに順序立てて物事を考える人です。たとえば、自分が理解できないことを説明されても、頭の片隅にしまい込んで

聞いているわけにはいかないので、ほとんどの場合、途中で割り込んで質問をしてしまうのです。思考の連続性が止まると、他の人が何を言っているのかわからなくなり、そのときに頭に浮かんだことを話すことが多くなります。

　自閉症者は、事実や詳細な情報を記憶する能力は優れていますが、「ワーキングメモリー」と呼ばれる、同時に複数のことを記憶することが困難な場合があります。要点から要点へと論理的かつ直線的に説明を進めていかないと、集中力が切れてしまいます。私たちの多くは、中断されたときにその場で印をつけて、中断したところから再開できる「一時停止」ボタンがあります。しかしながら、自閉症者が何かを説明しているときに中断してしまうと、再開するときに最初から説明しなければならなくなるのです。

何度も質問をしたり、心配事を訴えたりする

　時に自閉症社員は、同じ話題について何度も質問を繰り返したりすることがあります。新しいプロジェクトや仕事に直面したとき、多くの人はまず全体像を把握し、その後で詳細を詰めていきます。柔軟な思考力がある程度の曖昧さを許容し、情報を得ながら前に進むことができるのです。自閉症者たちは、「ルールに基づいた世界」で生きているため曖昧さや不確実性に対する耐性が低く、パズルのすべてのピースが全体の一部であり、それゆえに必要不可欠なのです。たとえば、自閉症社員がプロジェクトの中で優先度の低い点を回避するように言われると、なぜそのようなことを言われたのかという疑問を主張し続けることがあります。

　我々は、税務調査や医療手続きが気になって眠れないなど、心配や不安の原因となるものについて心の中で思いめぐらすことがあります。自閉症社員は常に不安を抱えているのです。特に仕事では1日を過ごすだけで、期待に応えられているかどうかの心配が生まれます。その結果、同僚がすでに質問に答えたり、懸念を認めたり、解決したりしているにもかかわらず、同じ質問を繰り返したり、仕事上の問題について懸念や意見を述べたりすることがあるのです。

　自閉症社員が不安を抱え、同じ心配をしたり、同じ質問を何度もしたりすると、自然な反応として「もういいでしょう」「心配するのはやめなさい」「リラックスしなさい」と言ってしまいます。しかし、感情を抑えたり隠したりするように指示すると、その人はより強く感情を表す傾向があるという研究結果があります[22]。

話のタイミングを間違える社員には
どうすればいいのでしょうか？

　間違ったタイミングで話したり、他者の会話中に割り込みをしたりすることに対処する最良の方法は、明確なルールを作ることです。自閉症社員に対して、どのような場合に話しかけていいのか、どのような場合には話しかけてはいけないのかというルールを提示し、「すみませんが……」と言うだけでは話しかけていいということにはならないことを強調します。

　雇用主であるあなたの話を中断しがちな自閉症社員は、あなたの話を理解していない可能性があるので、情報を伝える際に、少しずつ伝え、定期的に中断して、説明や質問の時間を設けるとよいでしょう。一般的には、話の内容に応じて、どのタイミングで話しかけていいのかというルールを示します。たとえば、「あなたの質問に答えられそうな情報はこの程度です。もしそれだけで満足できないようであれば、あなたに質問する機会を差し上げます」といったように。

　自閉症社員が自分の説明や発表を最後までやり遂げられるように、終わるまで口を挟まないようにしましょう。もし彼の話が中断された場合は、これまでの要点をまとめて、そこから再開するように提案してみてください。

　一般的に、定型発達者は反復的な考えに対処するために、自分の考えを別のものに移そうとしますが、自閉症者にとって自分でそれを行うのは非常に難しいのです。しかし、彼らに解決策や改善策など、より建設的なことに集中するよう提案することで、否定的な考えから転換する手助けをすることはできます。

　反復行動の中には、社会的なつながりを持とうとすることや、仕事をう

まくこなそうとすることに関連するものがあることを理解しましょう。自閉症社員に対して、「なるほど、わかりました。ただ、とりあえずその件は置いておいて、また後ほどこの話に戻りましょう」と言うことによって、彼らの行動を止める間に彼らの心配を理解してあげるのです。

　プロジェクトの方向性、計算の信頼性、手順の適切性など、仕事に関連するテーマについて自閉症社員が繰り返し心配を口にする場合、「あなたの一番の心配事を1ページにまとめて、私が参照できるようにしてください」と言って、彼の心配をより建設的に方向づけることができます。問題がすでに解決している場合は、彼の心配を認め、次に前進するための協力を引き出します。たとえば、「あなたが〇〇について心配していることはわかりました。私たちが別の方向に進んでいる今、この問題にどう対処すればいいでしょうか？」といった具合に。

関連する章

　・第9章　時間管理
　・第10章　仕事の質

会話：合理的配慮のまとめ

　「隠れたカリキュラム」とは教えられなくても誰もが知っている社会的情報（社会常識）です。そして、社員全員誰もが理解していると考えられる職場における多くの社会的ルールの根拠となっています。「隠れたカリキュラム」を理解することは、同僚上司が何を考えているかを理解し、適切に行動する能力が必要となります。研究者たちはこの能力を「心の理論」と呼んでいますが、それは「他者の立場に立って考えること」だと多くの人は考えています。

　自閉症者は、「隠れたカリキュラム」に悩まされ、自分の行動に対する（他者の）反応を見逃したり、誤解したりすることがよくあります。自閉症者は、ノンストップで話したり、他者の会話を中断したり、自分の議題

や視点の範囲を超えて物を見ることが難しい場合があります。その結果、自閉症者は、自分の発言や行動が（他者に）及ぼす影響を予測できなかったり、他人の意見や計画、視点を考慮できなかったりすることが多いため、無神経で無礼な印象を与えることがあります。

　人とかかわるといった社会的な行動は、絶対的なものでも固定的なものでもないので、それぞれの状況のニュアンスを理解するには、その文脈に依存することになります。文脈への気づきと感受性は、「心の理論」の重要な構成要素です。「心の理論」には、他人を観察すること以上に、周囲の環境や自分自身の経験や感情などの追加情報を自発的に統合することが含まれます。しかし、自閉症者の場合、複数の情報を同時に処理することができないため、社会的かかわりの文脈を正確に判断できなかったり、完全に見逃してしまうことがあります。

　人との会話に関連する「隠れたカリキュラム」の中では、文脈と「心の理論」が、重要な役割を果たします。ある状況の中で私たちが話したことが、別の文脈では不適切な場合もあります。たとえば、私たちは正直であること、真実であることに価値を置いていますが、時には他者の気持ちを考えて「罪のない嘘」をつくことがあります。自閉症者は、特定の関心事についてノンストップで話したり、ぶっきらぼうに一般的に失礼とされる発言をしたり、不必要な詳細情報を氾濫させたりと、適切な会話をすることが困難な場合があります。その結果、雇用主は自閉症社員と一緒に次に示す問題に関連したスキルを検討する必要があります。

　・しゃべりすぎる

　・不適切なことを言う

　・話題を中断したり話題に固執してしまう

> 自閉症者は多くは他者とかかわりたいと思っており、意図して侮辱的、批判的、不適切な態度をとっているのではないということを覚えておきましょう。

　自閉症社員や一緒に働く他の同僚たちに、会話の長さを制限する方法を指導することは、しゃべりすぎてしまう人を支援するために有効な方法です。

- 自閉症社員とともに働く同僚の人たちには、自閉症社員の話を直接、ただし敬意を持って中断することは何ら問題ないことを説明します。そして、「(あなたの話は) とても面白かったのですが、そろそろ自分のデスクに戻らなければなりません」と言うことが適切であることを伝えます。
- 自分が自閉症であることをオープンにしている自閉症社員に対しては、会話を終了したり、他の人に話す順番を譲ったりする時間であることを知らせるために非言語的なサイン (手で示すハンドシグナルなど) を作成し、使用するのもいいでしょう。
- 「あなたはもう○○についてたくさん話してくれたので、他のことを話しましょう」と言って、繰り返しの話題に制限を設けます。
- 繰り返される場面 (例：毎週の社員会議での報告、休憩室での何気ない会話など) に備えて、自閉症社員と一緒に短い答えを伝える練習をしましょう。

　どのような話題が適切でないか (宗教など)、昼食時間などの他者とかかわる場でどのように「世間話」を行えばいいかについて、ガイダンスやルールを提供することで、全員が不快な状況に陥ることを避けることができます。

- 政治、宗教、性的指向、同僚の容姿、人種などのデリケートな話題や、(自閉症社員には特別な興味があることだけど) 他の同僚を不快にさせる可能性のあることなどを含む「話してはいけないこと」のリストを作成します。
- 軽率な行動は相手にどのような影響を与えるかを冷静に説明し、必要に応じて簡単な謝罪の方法を練習します。

　このルールを仕事の場にも適用すれば、同僚を怒らせたり、職場での非常識な行動を避けることができます。

- 自閉症社員が誰に連絡すべきか（口頭または電子メールで）、どのように対処すべきか、仕事に関連する事柄についてどの程度の説明やフィードバックが適切かなどのガイドラインを提供します。
- 同僚や上司が「大変申し訳ありませんが○○していただいてもよろしいでしょうか」と言うとき、彼らはyes／noの質問をしているのではなく、依頼をしているのだということを自閉症社員に説明します。
- 自閉症社員に、同僚上司が批判的、侮辱的と感じるような言動を「組み立て直す」方法を教えます。たとえば、「それはばかげた考えだ！」や「○○○を使うべきだということはみんな知っている」といった発言は、「○○○の使用を考えてみませんか」や「○○○にはどのように対処しましょうか」と言い換えることができます。

　自閉症社員は、会議や会話を進めるのが困難なほど、途中で口を挟んだり、話す順番を無視して話したりすることがあります。このような状況のときは、次のようにしましょう。

- 同僚上司が会話をしている際に、口を挟むのに適切な場合とそうでない場合のルールを提示します。そして、「すみませんが」と言っただけでは口を挟んでいいわけではないことを強調します。
- 情報を細かく分けて説明します。もし、理解していないことがあったり話についていきにくかったりして自閉症社員が話を中断し続けるようであれば、定期的に説明する時間や質問を受ける時間を設けましょう。
- 自閉症社員が説明や発表をしているときは、中断せずに話を聞きましょう。もし、彼の考えが中断された場合は、これまでの要点

をまとめて、そこから再開するように提案してみてください。

　自閉症社員の中には、自分の考えたプロジェクトの進め方に固執して、チームの進行を遅らせる人がいます。

- 自閉症社員に対して、反対の立場から、可能な解決策や改善策など、より建設的なことに目を向けるように提案することで、転換を促します。
- 同じ話を何度も口にする自閉症社員には、「それはすでに聞きました。だから、いったんその話は置いておいて、後でまた考えましょう」と言って、行動に制限を設けます。

6 人とのかかわり

　一般的な職場では、問題を解決し、期限を守り、生産性を最大化するために、社員は協力する必要があります。休憩時間、社員食堂、会社の行事などは、多くの企業の社会的風景の一部となっています。機転が利くこと、柔軟性があること、チームプレイができることなどは、同僚上司において評価する資質ですが、自閉症社員の場合はこういった資質に欠けているところがあります。これらの資質がないため、同僚上司の印象は次のようなものになるかもしれません。

　　・「彼はとても失礼で無礼です」
　　・「彼は、ただ単に人に合わせられないだけなのです」
　　・「彼はいつも正しいと思うことをしなければ気が済まないのです」

　社会的な環境で効果的に、楽しく、適切に対話やコミュニケーションができる能力は、一般的に「ソフトスキル」「ピープルスキル」「社会的知能」と呼ばれ、職場では採用の可否や昇進の度合いの決め手になることもあります。

　社会的知能は、相手が「何を」考え、感じているかを想像するだけでなく、その人が「なぜ」そのような考えや感情を持っているのかを判断することを必要とします。私たちは、言葉だけでなく、表情やジェスチャー、声のトーンなどから情報を得て、それが現在の状況や過去の類似した状況とどのように関連しているかを重ね合わせ、それに応じて対応します。

　このプロセスの多くは自然発生的なものです。私たちは、社会的なサインを解釈し、人の動機を理解し、適切に対応することを意識せずに行っているので、これらのスキルを持たない（自閉症のような）人の生活を想像することは困難です。私たち自身の「心の理論」では、少なくとも視覚障害者や聴覚障害者の方が、ある程度は理解できるかもしれません。しかし、自閉症のような目に見えない隠れた障害を持つ人の「立場になって考える」ことは困難なことです。なぜなら、彼らは基本的に私たちと同じようには考えないからです。定型発達の人は、逆に自閉症者の考え方を理解するための「心の理論」が欠けているともいえます。

　自閉症社員は、神経学的構造上、他者とのかかわりにおけるさまざまな要素を「全体像」に統合することが難しく、それは職場での社会的要求を満たすために必要な「対人関係スキル」を身につける能力に影響を与えます。多くの自閉症者は、人とかかわりたいと思っていても、どうすればいいのかわからないのです。自閉症者は深い感情を持っていますが、自閉症という障害のために、そのような感情を有していないように見えるかもしれません。共感している場合でも、それをうまく表現することができないのです。

　自閉症社員をうまく管理するためには、彼らの視点で世界を見ることが不可欠です——この本が、彼らが直面する困難についての認識を広げる一助となれば幸いです。この章では、職場での人間関係におけるトラブルの原因となっている自閉症の神経学的および認知的な違いを説明します。これには、非言語的なサインや職場の人間関係を理解することの難しさ、比喩的な言葉を解釈することの難しさ、そして「周囲に溶け込む」際の問題が含まれます。

　　肯定的な側面

　　・自閉症社員は忠誠心が強く、誠実で、社会的正義感が強く、自分
　　　の意見をはっきり言う傾向があります。

　　この章を読むにあたり、すべての自閉症者がここで述べた行動のすべてを示すわけではないことを覚えておいてください。それぞれの自閉症者は異なっていて、自閉症に関連する諸問題もそれぞれの自閉症者によって異なり、自閉症に関連する課題はその人に固有のものとなります。

事例 6.1　彼は全く気に留めないのだろうか？

メアリー、お母さんのこと聞いたよ、大変気の毒だったね。

話が済んだら、教えてください。

この事例に含まれるトピック

- ・目を合わせない
- ・退屈そうにしている、あるいは興味がなさそうに見える
- ・話し方が単調で声が大きすぎたり、早口すぎたりする
- ・人の顔も名前も覚えない
- ・自己中心的で、無礼、他人の感情を無視しているように見える

このような場面に遭遇したことはありませんか？

- ・雇用主であるあなたは、ある社員に業績評価を行っていましたが、あなたの評価が終わると、彼は天井を見て、「終わりましたか」と言って部屋を出て行きました。あなたは、「この人は（自分の評価を）全く気に留めないのだろうか」と思います。
- ・部下や同僚にプロジェクトの詳細を説明している間、その社員はずっと自分の靴のつま先をぼんやりと見つめていました。
- ・ある社員が会議中に、理由もないのに過剰に笑っています。

根本的な問題は何なのでしょうか？

（他者への）共感と職場

> 「私はあまり人の気持ちを読み取らないので、人が何を必要とし
> ているのかわかりません」

「共感」とは、相手の気持ちやニーズに気づいたときに感じる関心です。この「相手の立場に立って考える」という能力によって、私たちは相手の考えや感情、経験に共感することができるようになります。職場では、「共感」は同僚を尊重することにもつながり、同僚とのつながりを深める能力を反映します。自閉症社員は、同僚に対して無愛想に接したり、尊大な態度をとったりするかもしれません。また、退屈そうにしていたり、興味がなさそうにしていたり、他人の考えに不寛容だったり、他人の気持ちに気づかなかったりするので、共感能力が欠如していると思い込んでしまいます。しかし、そうではないのです。自閉症者は、他人の気持ちを気遣う「能力」がないわけではなく、多くは人とのつながりを大切にしています。しかしながら、他人の感情を把握し、適切な対応をすることが困難なのです。

　私たちが「共感」と考えているものは、実は二つの要素から成り立っています。「認知的共感」とは、「心の理論」と関連しており、状況の背景にある表情や声のトーン、使用されている言語を解釈することで、相手の心の中で何が起こっているのかを見極めることを指します。「感情的共感」とは、この情報をもとに相手の気持ちを想像し、それを気遣って適切な対応をすることです。自閉症者は、普通の人よりも他人の視点を理解する（認知的共感）ことが難しいかもしれませんが、いったんそれに気づくと、その人がどう感じているかを気にする（感情的共感）能力があります[23]。つまり、人に手を差し伸べたり、慰めたり、助けたりしたいという気持ちはあっても、目の前の状況に対してどうすればよいかがわからず、結果的に何もしなかったり、間違ったことをしてしまったりするのです。

　他者の感情に共感して反応することは、直感的なものに思われるかもし

れませんが、いくつかのプロセスで成り立っています。たとえば、同僚が混乱していることに気づいたとき、心の理論によって相手の気持ち（自分が同じような感情になった経験ではなく）を理解し、同調したり、状況に応じた心配りをしたりして対応します。しかしながら、自閉症社員の反応は、距離を置いているように見えたり、無関心に見えたり、あるいは単に立ち去ってしまうかもしれません。しかし、自閉症社員の家族や友人は、「実は感じすぎているんです」とよく言います。現在の研究では、この二つの観察結果ともに真実である可能性が示唆されています。自閉症者は、相手が感情的になっていることに気づいても、心の理論に弱さがあるため、その感情が何を意味するのか理解できなかったり、その感情に対する自分の内面の反応をうまく統制できなかったりするのです。また、相手の感情的な状態に圧倒されてしまうため、引きこもりや冷たい、思いやりのない人だと思われてしまうこともあります[24) 25)]。

視線を合わせること

　目は、非言語的コミュニケーションの中心であり、私たちが本当に考えていることや感じていることを、その瞬間ごとに多くを明らかにします。私たちの社会では、「目を合わせること」は相手への関心や注意を示すものでもあります。「相手の目を見る」ということは、信頼や誠実さを意味し、ビジネスの世界では目を合わせることで自信を示すことができます。

　多くの自閉症者は、視線を合わせたり維持したりするのが苦手で、これは怠惰、不誠実、興味がないことのサインだと解釈されがちです。全体的に、自閉症者はあえてアイコンタクトを避けているのではなく、神経学的な違いによるものだということを念頭に置くことが必要です。人の表情はコミュニケーション中に常に変化するので、自閉症者はそれが気になってついていけないことがあります。中には、視線を合わせることが不安なため、苦痛に感じる人もいます。

　　「もし誰かに『目を見て』と言われたら、不安でいっぱいになってしまいます。また、何を話すべきかわからなくなってしまいます」

　自閉症者は、考えて答えるか、相手の目を見るかのどちらか一つ——文字通りそのうちの一つしかできないといいます。最近の研究によると、私たちの脳も同じように、常に視線を合わせながら複雑な思考をするのは難しいといわれています[26]。それで、私たちは相手に関心を持っていることを示すために相手を見たり、複雑なことを説明することに集中するために目をそらしたりします。なお、すべての状況でアイコンタクトが必要なわけではありませんのでご注意ください。ニューヨークの社会的慣習では、アイコンタクトは平均して2秒未満なのです[27]。

　自閉症社員は、アイコンタクトを求められると、無意識のうちにずっと見つめてしまうことがあります。これは、逆に無礼な行為や挑戦的行為と誤解される可能性があります。

　　「視線を合わせるべきだということはわかっていましたが、その
　　結果、強く見つめすぎてしまったかもしれません」

　自閉症社員に対し、直接目を合わせることを強要すべきではありませんが、鼻や眼鏡など、顔の一部を見るように指導することで、他者に目を合わせているような印象を与えることを学ぶことができます。また、仕事の話をする際には、共通の焦点を合わせるために、レポートやメモなどの視覚資料を使うこともできます。

顔の表情

　　「時には私が注意を払っていないか、不誠実であるかのように見
　　えますが、そのどちらでもないのです。私はただ、何が適切な対応
　　なのか、あるいは提起された問題に対する答えや解決策とは何かを
　　考えているだけなのです」

　前述したように、共感の大きな要素は、顔の表情、声のトーンや抑揚、ジェスチャーなどの意味を読み取る能力です。私たちの社会性の発達には、

何千通りもある表情や声のトーンの微妙な違いを観察することを通して相手のニーズや感情を理解することを学ぶことが重要です。

　また、この表情などのツールを使って、自分の考えや感情を相手に伝えることもあります。表情は異なる文化を通しても非常によく似ており、表情を使って自発的に感情を表現する能力は生まれつきのものです。しかし、自閉症者はアイコンタクトができないため、さまざまな場面でどのような表情が適していると判断されるのかを学ぶことが難しいかもしれません。さらに、不適切な、あるいは通常とは異なる顔の表情を見せることがあります。たとえば、不安を感じているときに過剰な笑顔を見せたり、心地よくないと感じる大きな会議において過剰に顔をしかめたりします。

　同僚がよく言うのは、要求や説明をしても自閉症社員は無表情で、距離を置いている、興味がない、理解できてないと思われることです。このような自閉症社員にとって、他者とのかかわりを処理するには、多くの認知能力が必要であることを覚えておきましょう。結果として、相手の話を理解しようとしているのに反応が困難であったり、相手の要求に対する正しい反応を判断するのに時間がかかったりすることがあります。

声　質

　言葉によるコミュニケーションの意味は、「何を」言っているか（実際の言葉）だけではなく、「どのように」言っているかの組み合わせで決まります。感情や意図などの社会的な手がかりを伝える会話において、イントネーションや抑揚、リズムなどがその音楽的要素を構成しています。当然のことながら、自閉症者は他者の言葉のニュアンスを読み取るのが難しいため、それが自分の声の表現力に影響を与えることがあります。自閉症者は言語能力が正常または高度に発達している一方で、感情の内容がないかのように抑揚のない単調な話し方をしたり、自然なリズムがない話し方をします。生涯にわたる指導を行えば、自分でコントロールはできないものの、自分の音を意識するようになるかもしれません。早口、小声、大声で話す人には、「声が大きすぎるので下げてください」「騒がしい場所から静かな場所に行くときは声を下げてください」などと注意を促すと対応で

きる場合があります。

顔と名前の記憶

　　「私にとって、顔が覚えられないことは恥ずかしいことですし、
　　私が悩んでいることの大きな要因でもあります」
　　「誰かの名前が佐藤さん、鈴木さんなのに、伊藤さん、佐々木さ
　　んと呼んでしまい、恥ずかしい思いをし続けています」

　人は自分のことを覚えてもらいたいものです。同僚や顧客を認識し、彼
らに関する具体的な事実を思い出す能力は、多くの仕事において重要な要
素になります。自閉症者は、細かい情報の記憶力は優れているにもかかわ
らず、他者の顔を覚えるのが苦手な人が多いのです。私たちは一般的に、
目の種類や鼻の形など、顔の要素の組み合わせを思い浮かべて顔を認識し
ています。しかし、自閉症者の場合は、顔の情報を特定の「顔」の構成で
はなく、つながっていない詳細な情報として記憶してしまい、その顔を認
識することが困難になる可能性があります[28]。自閉症者は髪型や眼鏡、
服装などで他者を判断することが多いのですが、同じ特徴を持つ人がいた
り、その内容が変わったりすると混乱してしまいます。自閉症社員は、同
僚を特定の状況（その人が働いている部署など）と関連付けることがある
ため、職場外で同僚と出会ったときにその人を認識できないことがあります。

　　「私は、『もし会社の外であなたに出会ったとしても、あなたのこ
　　とが全くわからないかもしれないので、どうか気を悪くしないでく
　　ださい』と伝えています」

無礼な態度

　　「私は疲れてくると、脳のフィルターの働きが悪くなります。だ
　　から、ときどき考えていることが口をついて出てしまうことがある

んです。誰かを怒らせるつもりはないんです」

　礼儀正しいふるまいには、心の中で思っていることを（口に出さずに）フィルターにかける能力も必要ですが、自閉症者は「声に出して考える」ことで、自分の発言が不快になるかもしれないことに気づいていないかもしれません。

　多くの人が言語を処理する方法は、自閉症者とは異なります。自閉症者は、文字通りの思考をする傾向があります。この処理の違いと、非常に直接的な傾向とが相まって、自閉症者は、無礼で、そっけなく、コミュニケーションがとりづらいと思われることがあります。多くの人は自分が相手に与える印象を気にし、職場で自分の意見を述べるときには、ちょっとした機転が必要であることを学びます。しかし自閉症社員は、自分の意見や観察は当然だと考え、その発言や唐突な反応に同僚上司は失礼や無神経さを感じるかもしれませんが、本人はただ「事実を述べているだけ」だと思っているかもしれません。

　自閉症社員は、社会的なつながりを持ちたいと思っているのですが、その方法がわからず、同僚との双方向の会話ではなく、「ダウンロード」されたデータのように話をしてしまうことが多いのです。社会的な対話には、ある人が他の人から情報を受け取り、それを処理し、適切に応答し、次の応答や情報を待つという、組織的なギブ・アンド・テークが必要です。そのため、自閉症者は、聞いたことの意味を理解すると同時にそれに対する正しい反応を判断することに苦労します。会話が不慣れな領域に入ると、会話に参加できないと感じ、会話を自分の興味のある快適な領域に戻そうとしたり、突然会話を終わらせたりすることがあります。

全く気に留めていないように見える自閉症社員にはどのように対応すればいいのでしょうか？

　自閉症社員をうまく管理するコツは、彼らの行動は脳の働きによるところが大きいということを常に念頭に置いておくことです。彼らは、目を合わせない、会話を乗っ取る、失礼な態度をとるなどの行動を行いますが、

それは、意図的に人を遠ざけようとしているわけではないのです。それどころか、人とのつながりを大切にしたいと思っている人が多く、そのために苦労しているのです。

　不適切な行動を指摘する際には、その文脈（背景）を説明することが重要です。ある行動が「なぜ」無礼で無神経だと思われるのか、相手が「どのように」感じるのかを、単純明快に直接説明することで、感謝され、職場のさまざまな状況での適切な対応のやりとりを増やすことができるようになります。ある行動が一般的によくない行動であると解釈される理由を説明することで、自閉症社員の考え方と他者がその行動をどう受け止めるかのギャップを埋めることができます。

　自分が自閉症であることを開示している自閉症社員が失礼な態度をとったり、不適切な行動をとったりした場合、その背景に何があるのか、本人と話してみましょう。彼らは自閉症に関連する課題や不安を抱えていますか？　特定の同僚との間に問題がありますか？　仕事上、あるいは仕事以外の状況が彼らの行動に影響を与えていますか？　過剰に笑うなど、不適切と思われる顔の表情は不安と関係があるかもしれません。

　自閉症社員は、他者の顔の表情や声のトーン、ジェスチャーを読み取ることができないので、同僚が何を考え、感じているのかをほとんど理解できず、何を言えばいいのか、どうやって適切に対応すればいいのかわからないことがあります。自閉症社員は決して意図的に他者を怒らせようとしているのではないことを心に留め、自閉症社員をその場から離して、同僚に不快感を与えないような言い方に組み立て直すよう指導しましょう。もし自閉症社員が同じミスを繰り返したら、上司はこれらの状況の類似性を指摘し、「もっとやりやすいやり方を紙に書いてあげましょうか。その方がわかりやすくなると思いますよ」と提案することができます。

　自閉症社員は、目を合わせない方がコミュニケーションがとりやすい場合がありますので、決して無理に目を合わせることを強制せず、返事をするために考えをまとめる間、目をそらす時間を一拍分余分に作ってあげましょう。必要であれば、同僚上司にさりげなく説明する方法を提案することもできます。たとえば、「質問されても、答えを考えるときにあなたを

見ないかもしれません。なぜなら、他の場所を見た方が考えがまとまるからです」と。

　もし、自閉症社員が顧客を相手にしなければならない場合は、顧客の鼻や眼鏡など、よりニュートラルな顔の部分を見て、目を合わせているような印象を与えることを提案したり、レポートやリストなどの視覚的なものを使って、共通の焦点を作るようにします。

　アイコンタクトを求めすぎると、顧客を過剰に凝視することになってしまうこともあるので、時折、注目を相手の肩に移したりして、凝視するのを和らげるようにアドバイスしてみましょう。

　顔や名前を覚えたりすることも、自閉症社員にとっては難しいことです。もしあなたの会社に写真付きの社員名簿がなければ、パソコンやスマートフォンに人物や特徴を記したリストを保存し、すぐにアクセスできるようにしておくよう提案することができます。もし、職場チームのメンバーの顔を見分けるのが難しい場合は、スマートフォンの連絡先リストに追加するために写真を撮らせてもらえないかとお願いするのもいいでしょう。顧客や新しいスタッフと会う前に、その人たちの名前と、髪の色、身長、明らかな顔の特徴など識別するための情報を自閉症社員に提供して準備させます。

　仕事の指示や説明をするとき、私たちは相手からのうなずきや「わかりました」などのフィードバックを受けることに慣れています。自閉症社員は、黙っていたり、ぼんやりしていたり、全く見ていなかったりすることがありますが、実際には熱心に聞いていることもあるので、あなたの話を理解するのに時間をかけてあげてください。「わかりましたか？」と聞くだけでは不十分です。なぜなら、ほとんどの場合「はい」と答えられてしまうので、言ったことを繰り返してもらうことで、理解しているかどうかを確認することができます。

関連する章

　・第5章　会　話

事例 6.2　彼は自分がすべてを知っていると思っている。

この事例に含まれるトピック

・すべてを白か黒かで判断してしまう

・常に他者を修正しようとする

・常に正しいことを求める

・自分のやり方を変えようとしない

・自分の仕事に対する批判を受け入れることができない

・大げさな話し方をしたり、過度にフォーマルな話し方をする

このような場面に遭遇したことはありませんか？

・ある社員に報告書の変更点をリストアップするよう依頼したところ、その報告書が「ばかげている」という理由をまとめた6ページのメモが送られてきました。「彼は自分がすべてを知っていると思っている」とあなたは思います。
・ある社員が些細な事実を訂正するために何度も会話を中断します。
・ある社員が会議で解決策を提案しましたが、同僚が些細な点に疑問を投げかけると非常に身構えてしまいます。

根本的な問題は何なのでしょうか？

　自閉症者は、人の考え方や感じ方を理解するのが難しい反面、非常に専門的な分野の知識を発揮することがあります。しかしながら、自閉症者は独特の考え方をするので「字義通りに受け取る思考者」である自閉症者らは、非常に細部にこだわる論理的な傾向があり、多くの情報を取得して記憶したり、日付や手順の複雑なパターンや不規則性を認識したりする能力があります。一方、（自閉症者と異なり）「抽象的思考者」は、より概念的で、細部よりも「全体像」を重視し、曖昧さや変化に対応する能力に長けています。

　彼らの知識を共有しそれを使って問題解決することは、自閉症社員の誇りとなるだけではなく、コミュニケーションの手段にもなります。しかしながら、彼らは人の気持ちや状況を「読む」ことができないため、それが裏目に出てしまうことがあります。そのため、自閉症者は威圧的で、傲慢で、融通の利かない「知ったかぶり」で、他人を矯正しようとし、自分のやり方にこだわる人だと思われるかもしれません。一方で、彼らの専門知識や論理的な思考プロセスは、彼らの考え方を理解するために時間を割く同僚にとっては大きな財産となります。

　　「技術的な問題で困っている人がいれば、私のところに相談に行

けば、じっくりと問題解決の手助けをしてくれるという評判があり
ました」

白か黒かの思考

　自閉症のように文字通り捉える人は、世界を「白か黒か」「正しいか間
違っているか」という視点から見る傾向があります。たとえば、自閉症社
員は、同僚がもっと速い方法を見つけたとしても、文書化された方針や手
順に忠実に従うかもしれません。自閉症社員は、自分で得た情報や手順、
自分自身の観察を「事実」とみなし、それゆえに解釈する対象とはしませ
ん。

　　　「仕事の現場では、世界を白か黒かで見ないようにするのはとて
　　　も難しいことです。もし誰かが『別のアイデアがあります』と言っ
　　　たとしても、そのアイデアが私の白黒の考え方に合わなかったら、
　　　私はそのアイデアが好きになれないでしょう」

　仕事の締め切りが早まったときには、確立されたルールや方法から逸脱
しなければならないこともあります。自閉症者は、「正しい」やり方は一
つしかないと考えることが多いので、違うやり方を求められることは、職
場での最大の難関の一つであり、特に一般的に変化を嫌う人の場合はそう
です。仕事を進めるために確立された手順を早めたいという上司の要求を
断ることは、頑固で、難しく、かつ否定的であると思われがちです。「心
の理論」は、このような場面で重要な要素となります。自閉症社員は、上
司のニーズを予測することができないため、上司の視点や手順を変更する
理由を理解できないという不安から、「いいえ」という防衛メカニズムが
働くことが多いのです。

正しいこと

　自閉症者は正確さを重視する傾向があり、間違いを見つけるのが得意で、
その知識を共有したいと考えています。残念なことに、このような知識の

共有は、常に相手を訂正しているように見えてしまい、非常に嫌な対応だと思われてしまいます。たとえば、昼食時の会話の中で、同僚がトマトを「野菜」ではなく「果物」と言っていると主張するなど、あまり意味がなく、些細なことであったりする場合は特に注意が必要です。

　自閉症社員は、ほとんどの同僚が（特に人前で）訂正されることを好まないことを理解していないかもしれません。彼らは通常、意図して人に迷惑をかけたり、侮辱したりしているのではなく、自分が考えていることが明白であるということを主張しているだけなのです。しかし、自閉症社員が、堅苦しい話し方や専門的な話し方をしたり、難解な言葉を使ったり、事実だと思って成果を自慢したりすると、他者には無礼だと思われる可能性があります。

　自閉症社員は細部に注意を払うため、日付や手順の間違いを発見する人が多いのですが、相手の気持ちや立場を考えずに報告してしまうことがあります。時には、ミスを報告すべきか「どうか」ではなく、「誰に」「どのように」報告すべきかが問題となることもあります。

　　「私は、何かミスを見つければ、すぐに指摘します。そして、そのようなことは、ある人には喜ばれないかもしれない、特にそのエラーした人には喜ばれないかもしれない、ということは思いもしませんでした」

　自閉症者は、特に自分の専門分野に関しては、自分以外の視点を受け入れることが難しい場合があります。「いつもと違うことをやってみよう」と言われたとき、多くの人は問題が起きても柔軟に対応することができます。しかしながら、自閉症者は、「実践しながら何とかしてください」という要求に不安を感じることがあります。なぜなら、十分なプログラムが組まれていないコンピューターのように、あらゆるシナリオには対応できていないと感じるからです。何かを提言したときに対する彼らの対処法は、しばしば「傲慢」と誤解されることがあります。「もしも」のシナリオに関する質問の嵐は、アイデアを拒絶しているように見えるかもしれません。

実際には、潜在的な障害に対処するために必要な「社内フローチャート」を構築しようとしているのですが。

> 「あなた方は本当に耳を傾けなければなりません、本当に一生懸命聞かなければなりません。整然とした生活をしたいという自分の気質が、新しいアイデアを邪魔しないようにするために」

　自閉症社員は、自分の専門知識を共有することに熱心ですが、文脈がないことや融通が利かないことから、人によって能力や知識がさまざまなレベルであることを理解するのが難しいのです。自閉症社員は、同僚に何かを説明するとき、その人がすでにどれだけの情報を持っていて、どのような新しい情報が必要なのかを見極めるのが難しい場合があります。その結果、その同僚が「わかりきったこと」をすぐに理解できないと、イライラしてしまうことがあります。

> 「私のように分析的でない人には、イライラさせられます。なぜ私のようにはっきりと見えないのでしょうか」

批判を受け入れる

　自閉症者は、完璧主義者です。そのため自分だけではなく他者にも同じように高い基準を求める傾向があります。このような人は、最高の仕事をしようと努力するので、職場での貢献者として評価されます。しかし、自閉症者の「白か黒か」「すべてか0か」といった考え方のため、自分の仕事の遂行力が完璧でないと感じると不安になる可能性があります。そのため、批判されることに敏感になります。本人も自閉症者で自閉症の専門家でもあるテンプル・グランディン氏によると次のように説明されています。

> 　自閉症者は、自分と周囲の世界を正反対のものと捉えます。この傾向が完璧であることを求める気持ちにつながっているのです。些細なミスや失敗でも途方もない失敗に見えてしまい、自分の努力や

身の回りの出来事が『オール・オア・ナッシング』に当てはまらないと、大きな不安に襲われるのです[29]。

自分がすべてを知っていると思っている自閉症社員にどう対処すればよいでしょうか？

　従業員や同僚が「自分はよく知っている」と思っているのはイライラするものですが、時間をかけて尋ねてみると、自閉症者は大抵、あなたの要求に応じたくない理由を合理的に説明してくれることが多いものです。上司としての最も重要な指導法は、「相手の立場に立って」、手順の変更を求める際に文脈を提供することです。仕事を短くしたいことや変更したいことの理由を説明し、自閉症者が気になることを説明させてみれば、抵抗がなくなるだけでなく、より好ましい解決策を提案してくれるかもしれません。

　自閉症社員には、誰が何の目的でそれを使用するかによって納品した製品を修正する必要があるかもしれないことを前もって伝えておきます。そうすることによって彼は、もし何かあったとしても、準備することができます。自閉症社員は非常に論理的であることを忘れずに、雇用主であるあなたの考え方と達成したい結果について時間をかけて説明しましょう。「これは私が求めていたものではありません」というのではなく、「これは私が求めていたものであり、その理由は○○です」「あなたの作業はここで使いましょう」と説明することで、文脈を提供します。

　自閉症社員の「白か黒かの思考」のせいで、誰もが間違いを犯すこと、そして同僚は一般的にそのことを公に訂正されることを喜ばないことを理解することが難しいのです。もし、会議中に同僚を批判することが問題になる場合は、上司は、自閉症社員に懸念事項のリストを作らせておいて、会議終了後に一緒に対処するようにしましょう。上司は、「大きなミスがあると思ったら、私に言ってください」というような一般的なルールを与えてみましょう。自閉症者には感情がないわけではないことを覚えておき、「誰かに訂正されて、自分が正しいと思ったときの気持ちを考えてみてください」などと念を押すと効果的です。

　自閉症者の中には、ミスを見つけると、すぐに解決しなければならないと思う人がいます。あるミスは他のミスより重要だということを説明する必要があるでしょう。自閉症社員が重要なミスとそうでないミスの区別がつかない場合は、まず上司であるあなたのところに来てもらうよう説明する必要があるかもしれません。

　完璧主義で感情抑制が難しい自閉症者は、批判を受けたり、ミスをしたからといってプロジェクト全体を破棄しなければならないわけではないことを理解するのが難しいことがあります。期待した成果と違っていた場合は、自閉症社員に結果がどのようになるべきかを例示し、修正の過程で暫定的な指導を行うために、彼に（自閉症に理解のある）同僚を配置します。そして、「あなたはこの仕事がすべて間違っていると思うかもしれませんが、そうではありません」と説明し、続いて具体的かつ建設的な指導を行うことで、自閉症社員はあなたの懸念に対処し、次の段階に進むことができます。

　同様に、仕事の評価を行う際には、自閉症社員の良いところと、その長所をどのように伸ばしていけばよいかをまず話し、その後の文脈の中に修正すべき内容を含めるようにします。彼がどこを変える必要があるのか、それがなぜかを説明し、どうすれば改善できるのかを明確に指導します。自閉症であることを開示している場合は、自閉症者たちは、このような分野で問題を起こしている可能性があるものということを彼らに共有する機会を持ちましょう。

関連する章

　・第10章　仕事の質

事例 6.3　彼は理解していない。

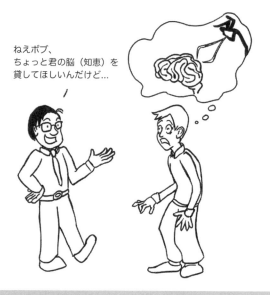

ねえボブ、
ちょっと君の脳（知恵）を
貸してほしいんだけど...

この事例に含まれるトピック

・何事も文字通り解釈してしまう
・（ジェスチャーなどの）サインが理解できない
・ジョークや皮肉を理解しない
・職場の決まりを理解しない
・チームで働くのが苦手
・顧客とのやりとりがうまくできない

このような場面に遭遇したことはありませんか？

・ある社員の報告書がまだ完成していないことを知ったあなたは、
　彼に「僕が自分でやらないといけなくなりそうだね」と言うと、

「いいですよ」とだけ答えて立ち去ってしまいました。「彼は理解していない」とあなたは思います。

・ある社員が、（社長室の前に）「いつでもどうぞ」と書かれているのを見て、常に社長室に立ち寄ります。

・部署全体にメールを（同時報告メールである）「cc」しないように、何度も注意しなければならない社員がいます。

根本的な問題は何なのでしょうか？

　人間のコミュニケーションは常に行われており、かつ複雑です。心理学者で科学記者のダニエル・ゴールマンは次のように述べています。

　　たとえ話すのをやめたとしても、自分の気持ちを伝える信号（声の調子、一瞬の表情）を送るのをやめることはできない。感情の表出を抑えようとしても、感情はどうしても漏れてしまうものである。そういった意味で、感情が生じれば、コミュニケーションをとらざるを得ない[30]。

　「心の理論」は、相手が何を考えているかを示す無限の手がかりを解釈するのに役立ちます。しかし、人は必ずしも本音を言うことはないし、期待通りの行動をしてくれるとも限りません。自閉症者にとって、人間の行動は予測不可能なことがあるため、絶対的なルール、論理体系、秩序、事実の集まりといった彼らの世界観と相反します。努力しているにもかかわらず、一つの行動ルールを覚えた途端に、別の状況ではそれに反することになるように見えるのです。

　顔の表情、声の抑揚、言語のすべての組み合わせをカタログ化することは不可能なので、私たちは本能、判断力、経験に頼って社会的状況のさまざまな側面を解釈します。私たちはその相対的な「同一性」に気づくことで、幅広い文脈において適切な行動を応用していくことができるのです。社会的文脈の違いを見極めることで、ある状況での適切な行動が別の状況

では通用しないことを学ぶことができます。

　しかしながら、これは自閉症者にとっては当たり前のことではありません。自閉症者は、人や社会的状況の文脈を「読む」ことができないため、まるで外国にいるような感覚に陥り、通訳やガイドなしで住民のルールや行動を理解しようとしているのです。その結果、一般的な表現を概して文字通りに解釈し、皮肉やジョークを理解するのが難しく、社会的なサインを読み取ることができず、職場の人間関係にも気づかないのです。

文字通りの考えと比喩的な言葉

　　「慣用句表現は私にとって苦手なものです」

　仕事中に耳にする表現の多くは、文字通りに解釈されることを意図したものではありませんが、「その議論に終止符を打ちましょう」や「私たちは同じ船に乗っています」などの意味はわかります。

　比喩的な言葉を理解するには、言葉の文字通りの意味を超えて、状況の文脈の中で意図された意味を解釈する必要があります。たとえば、メッセージが文字通り何を言っているかに注目するのではなく、メッセージが何についてのものかを評価することです。話す人の意図や視点がわからないと（心の理論）、自閉症社員は、会話とは関係のないようなフレーズに戸惑ってしまいます。

　自閉症者の多くは字義通りに考えるので、職場で使う比喩的な言葉は彼らにとっての課題となります。言葉を文字通りに処理するので、皮肉や慣用句の意味の変化を理解することが難しいのです。たとえば、「既成概念にとらわれない」発想のことを英語では「thinking out of the box」と表現しますが、彼らは文字通り「箱から出して考える」と捉えてしまう可能性があります。この慣用句では、実際の箱は思考のプロセスとは関係ないのですが。同様に、修辞的な質問は答えを必要としていません。「販売台数をまとめてもらってもよろしいでしょうか？」と言えば、丁寧に仕事を依頼しているのであって、相手の気持ちを聞いているわけではありません。

しかしながら、自閉症社員は、文字通り解釈して、「〜をしてもらっても
よろしいでしょうか？」に対し、自分が販売台数を集計する仕事を頼まれ
ているとは気づかずに正直に「はい」か「いいえ」と答えるかもしれませ
ん。

「Thinking out of the box ── 私はその意味が全くわかりません」

　私たちは職場で、（話を伝える）近道として比喩的な言葉を使いますが、
話し手の意図を理解するには、その言葉が使われている文脈に依存します。
一般的な職場で使われている、自閉症社員が混乱するような用語例を紹介
します。

- ボールはあなたのコートにあります。（あなたの順番ですという意
  味）
- 私たちは同じ波長を持っている必要があります。（協力して仕事を
  しましょうという意味）
- 山本さんとの昼食会では、talk shop をしてはいけません。（talk
  shop ＝仕事の話という意味）
- 合併について彼の脳をつついてみましょう。（詳しい人に仕事のこ
  とを尋ねましょうという意味）
- 私に仕事のスピードを与えてください。（仕事を急いでくださいと
  いう意味）

　ほとんどの人は、上記の用語の意味をすぐに理解していますが、「デー
タベースプロジェクトを壁に投げ込む」[31] とか「分析に固執する」[32] な
どの意味は誰かに聞く必要があるでしょう。しかしながら、自閉症者は、
無能だと思われたくないために、説明を求めようとしないことがあります。
不正確な指示も混乱の原因となります。たとえば、「その数字については
後で検討してください」は、1 時間後、1 日後、1 週間後のいずれかの意
味になりますが、多くの人は過去の経験や状況に応じて、この要求に対し

て理解しています。しかしながら、自閉症者には、正確に「いつ」「どのように」「どのくらいの量を」やらなければならないかを伝える必要があります。そうすることによって、自閉症社員は誤った解釈をせずに仕事に集中することができるのです。

　文字通りに捉えてしまう思考は、この章の前半で述べた「白か黒かの思考」に関連しています。私たちの多くは、「灰色の色合い」という言葉を使って考えることがあります。たとえば、過去に遭遇したことのある状況と似ているけれども同じではない状況に、同じルールや手順を適用するようなときなど。しかしながら、自閉症社員は、「前回と同じようにやってください」と言われても、状況が全く同じでなければ、どのように進めればいいのかわからないことがあります。何が変わらないのか、何が変わるのかを具体的に示すことで、何をすべきかが明確になるだけでなく、将来、同じような仕事をする際のアプローチ方法を学ぶことができます。

皮肉とジョーク

　　「誰かがジョークを言っても、私はそれを理解できません。——
　　みんなが笑っていて、私は混乱してしまいます」

　ジョークや皮肉を聞くときには、言葉の意味、状況の文脈、話し手の意図、そしてジョークの場合は言った人の考え方など、複数のチャンネルの情報を統合する必要があります。これらはすべて「心の理論」に依存しているため、自閉症者には理解が難しいのです。ある会議が長くて大変だった後に「楽しかった！」と皮肉ったコメントをされると、その肯定的な言葉が否定的な声のトーンや顔の表情と一致しないため、自閉症社員にとっては特に戸惑いを感じるでしょう。

　なぜなら、自閉症社員は、言葉をそのまま鵜呑みにしてしまうので、相手がからかっているのかどうか判断できなかったり、メールの内容を誤解してしまったりすることがあります。これは珍しいことではありません。カジュアルなオンラインコミュニケーションにおいて、冗談と本気の発言

を区別する必要があったからこそ、どこにでもある「笑い顔」のような「顔文字」が発明されたのです[33]。

　自閉症者は、ジョークを言ったり、言葉遊びを楽しんだり、状況の中にユーモアを見出す能力がないわけではありませんが、給湯室の前で語られるジョークのように、人とかかわる文脈の中で語られる傾向のある、より複雑な形のジョークを処理するのは難しいものと思われます。ユーモアとは、何かを違った方法で考えることであり、彼らの変わった物事の捉え方はある意味ユーモアになりますが、中には自閉症社員だけにとって面白いジョークもあります。一方で、自閉症者の中には、優れたユーモアのセンスを持っていて、それを喜んで披露してくれる人もいます。

　　　「よく、会社を辞める人のための昼食会がありますが、私は実際、
　　　面白いスピーチをする人として知られるようになりました」

特別なサイン

　顔には40以上の筋肉があり、何千もの表情を作ることができますが、自閉症者にとって、眉毛が上下したり、口が無数の形をしたり、目が細くなったり大きく開いたりと、顔の動きは混乱の原因になります。会話で使われる基本的な表情は理解できても、イライラや退屈、不満などのサインは読み取れないことが多いのです。会話中の距離が近すぎたり、声が大きすぎたりしていることを示すサインに気づかないことがあります。その結果、自閉症者は、言葉以外の何らかのはっきりとしたサインがあっても、会話や割り込みなどの行動を止めなかったり、当たり前あるいは余計なことを質問したりすることがあります。

　　　「私は人の顔色を読むのが苦手なので、相手の姿勢やジェス
　　　チャーを読み取るよりも、質問することで相手の気持ちを理解する
　　　ことができるということを学びました」

　顔の表情や声のトーン、ジェスチャーなどを読み解き、それらを使って

自分を表現する能力は、効果的なコミュニケーションに欠かせません。多くの自閉症者にとって、視線を避けることが顔や社会的なサインを読み取る能力に影響を与えるため、非言語的なコミュニケーションを受け取ってそれを表現することは、彼らや同僚にとって継続的な課題となっています。一般に、私たちは相手の目や顔を観察することで、自分が考えていることを反映させるためのジェスチャーのニュアンスを学ぶことができます。それは自然に、そしてほとんど努力することなく行われます。特に目の筋肉は、感情を表現するために細かく調整されています。しかしながら、自閉症者の場合、視線を避ける傾向があるため、相手のことだけでなく、顔の表情全般に関する重要な情報を見逃してしまいます。このような基準がないため、自閉症者の顔の表情は、時に不適切であったり、無表情であったり、解釈が難しいとされるのです。

誠実さ

　嘘をつくことは、「隠れたカリキュラム」の一部であり、真実の一部を隠しながら、説得力のある嘘を作るという複雑な認知過程を必要とします。このような精神的な運動は、正直で誠実な傾向のあるほとんどの自閉症者には理解できません。職場では、気まずい状況を回避したり傷つくのを避けたりするために「白い嘘（罪のない嘘）」をつくことがあり、私たちは最終目的を達成するために発言に「フィルター」をかけることがよくあります。たとえば、チームリーダーは、プロジェクトの問題点には触れず、優先順位に集中できるようにするでしょうし、仕事の交渉中の企業幹部は、すべてのことを前もって開示する必要はないと判断するかもしれません。たとえ真実を隠す必要性を理解していたとしても、そのようなことをすることは自閉症者にとって非常に不愉快なことでしょう。本人が高機能自閉症である学者のテンプル・グランディン氏は、自分の世界に誤ったデータがある場合に秩序を保とうとすることで生じる不安について次のように述べています。

　　咄嗟にちょっとした「罪のない嘘」をつかなければならないとき、

　私は非常に不安になります。些細な嘘をつくためにさえ、何度も頭の中でリハーサルをしなければなりません。相手がどんなことを聞いてくるのか、さまざまなことをビデオでシミュレーションしています。相手が予想外の質問をしてきたら、私はパニックになります[34]。

　先に述べたように、自閉症者は、自分が真実だと思うことを率直に述べる傾向があるため、無礼だと思われがちです。一方で、彼らは、他人からストレートな指導を受けても、一般的には不快感を覚えませんし、相手の気持ちを慮ってよく使う「やさしい語りかけ」や「オブラートに包んだ言葉」を必要としません。

　　「何が起こっているのかを教えてください。オブラートに包んだ
　　言葉はいりません。真実を話してください。私はそれに取り組み、
　　対応します」

　自閉症社員の生まれつきの正直さは、仕事の場ではメリットになることを覚えておきましょう。もし、雇用主であるあなたが、ある仕事や手順について自閉症社員の意見を聞けば、ほとんどの場合、正直で直接的な答えが返ってくるでしょう。
　自閉症者は、自分が正直であるから、他の人もそうであると思い込んでいるので、他の人が嘘をついていたり、不誠実であったりしても気づかないことがあります。残念なことに、自閉症者のこのお人よしの性格から、からかわれやすく、いじめの対象になることがあります。

　　「（自閉スペクトラム症の一種である）アスペルガー症候群の特徴の
　　一つは、基本的に誰の言うことでも信じてしまうことです。だから、
　　誰かが本当のことを言っていなかったり、社会性が必要な設定にお
　　けるスキルを使っていたりすると、それが理解できないんです」

職場内での処世術

　「職場での人間関係は難しいです。本当に見落とします」

　職場での処世術の多くの側面は、社会的な決まりがあり、自閉症社員にとっては困難な課題となります。

　　・仕事上の問題に対処するための指揮系統はどのようになっている
　　　のでしょうか？
　　・メールの「cc」は誰にすればいいのですか？
　　・誰が、何のために報われるのでしょうか？

　どの会社にも公式な組織図がありますが、多くの会社では、各部門の実際の権力構造や意思決定を反映した非公式または不文律の指揮系統があります。ほとんどの社員は、誰に相談すればいいのか、誰の要求が優先されるのか、仕事の最新情報を誰にメールで知らせればいいのか、誰が仕事の最終決定権を持つのかをすぐに理解しますが、自閉症社員はこのようなことに戸惑ってしまうのです。

　一部の企業の経営スタイルには、階層的なものではなく、マトリックス構造で協働的なものとなっているところがあります。ある部門の社員が、他の部門の人が管理している仕事を担当することも多く、多くの自閉症社員にとって混乱を招くような命令系統となっています。たとえば、部署間で連携しなければならない仕事に携わる経理担当者は、経理部の上司に報告すべきか、仕事チームの上司に報告すべきか迷うことがあります。

　　「私のような中間管理職は、命令系統や報告関係がはっきりして
　　いないと、本当に大変な思いをします」

　前述したように、自閉症者は、適切な行動を決定する社会的状況の類似性と相違性を認識することが困難であり、一般的な職場におけるさまざま

なレベルの権限によってさらに混乱してしまいます。たとえば、自閉症社員は、同僚との何気ない会話の中で話していた話題が上司と話すときには適切でないかもしれないことや、先輩が公の場で（仕事のミスを）訂正されることを好まないことに気づかないかもしれません。

　職場内で、あるルールが同僚には適用されても、上司には適用されないことがある理由を理解するのも難しいことです。自分の仕事に誇りを持ち、実力主義を強く信じている自閉症社員にとって、誰がどのような行動をすれば報酬や罰を受けるのかという（紙に書かれていない）不文律も混乱を招くかもしれません。自閉症社員は、良い仕事をすることがモチベーションになっていますが、職場の人間関係に対する認識が甘いために、公平な仕事量以上の仕事を割り当てられたり、他の面で不公平な扱いを受けたりすることがあります。

　　　「自分の仕事が評価されること、認められることが重要でした。また、おそらく私の 28 年間のキャリアの中で最も恐ろしい経験は、自分がやったことに対して意図的に評価されなかったことが 1、2 回あったことです」

チームでの連携

　現代の職場では、対面であれ、オンラインであれ、チームで仕事を行うことが重要な要素となっています。チームメンバーは目標を共有し、仕事の成功のためにお互いに助け合っています。チームの中には高度に構造化されたものもありますが、多くはそうではなく、チームメンバーの協力を得て、自分の専門分野から仕事のニーズを満たし、またチーム全体の努力をサポートします。

　チームワークで働くことは、自閉症社員にとって困難なことです。一人のために必要なことはもちろん、複数の人のために必要なことを予測することも困難です。自閉症社員は、一般的に、仕事を開始したり整理したりすることが苦手で、細部に固執し、完璧主義を貫くことがあるため、プロジェクトで与えられた仕事を完了するスピードに影響します。自分に無関

係だと思われたり他のチームメンバーが公平に仕事をしていないと感じる場合に仕事を引き受けるのを嫌がることもあります（これらの問題は第 III 部「仕事の遂行能力」で詳しく説明しています）。

> 「私はチームで働くことが苦手です。自分から手伝う人になるのが苦手で、仕事の指示を出す人がはっきりしていないと、誰の話を聞けばいいのか、何をすればいいのかがわからなくなります」

　今日のビジネスでは、チームのメンバーには、さまざまな機能領域、さまざまな地域、または提携企業側の社員が含まれることがあります。一般的に自閉症社員は、変化が苦手なので、チームの構成やミーティングの時間や場所が変わると、不安になったり抵抗を感じたりすることがあります。彼らは、明確な指揮系統がないと混乱し、またグループ間で優先順位が変わることにも戸惑ってしまいます。

> 「ミーティングに関しては、我慢できるものから拷問のようなものまでさまざまでした。例外として、その会議が純粋に技術的な問題を解決するための議論であれば、とても楽しい時間を過ごすことができました」

　チームが会議に依存し、流動的なアイデアの交換をする際には、技術的な性質を持たない問題や自分の専門外の問題の議論を処理することが困難な自閉症社員にとっては、しばしば苦しい状況となります。自閉症社員の中には、高度で専門知識を駆使してチームに付加価値を与える者もおり、問題解決能力に優れるため革新的な解決法を生み出すことができます。しかしながら、自閉症社員は機転よりも事実と思われることを重視し、その会議におけるコメントは「いや、そのやり方ではだめです」「あなたは大きな間違いを犯しています」というようなぶっきらぼうなものになり、会議内容が他の問題に移った後もその話題に執着し、次の話題に移行できないことがあります。

　　「チームワークはとても難しいです。私はあまり人の心を読めな
　　いのですが、チームワークには相手のニーズを理解することが要求
　　されます。たとえ相手が具体的に言わなくても、そのニーズを満た
　　そうとすることが必要です」

　職場での人間関係は自閉症社員の考え方に含まれていないので、彼らは
プロセスや手順の評価を一般的に偏見なしに行います。イギリスのノッ
ティンガムビジネススクールで行われたアスペルガー症候群社員の上司を
対象とした調査研究では、次のような結論が出ています。

　　批判がすべての人に歓迎されるなどということはありませんが、
　　ラインマネージャーは、特定の決定やプロセスの問題点を批判した
　　り指摘したり、他の人が述べるのを怖がったり恥ずかしがったりす
　　るような質問をしたり苦情を明確に述べたりすることを厭わない
　　チームメンバーがいることを高く評価しています[35]。

顧客とのかかわり方

　　「仕事で職場の人間関係を築くのも、お客様との関係を築くのも
　　違いはありません。そのためには、誰かとつながりを持たなければ
　　なりませんが、人が私とつながり、私が人とつながるのはとても難
　　しいことです」

　自閉症社員にとって、顧客とのミーティングは困難を伴います。何を着
ていけばいいのか、仕事の状況についてどれだけ話せばいいのか、どの程
度の社交性が必要なのかなど、日常の職場とは異なるルールが適用される
可能性があるからです。自閉症社員の中には、非常に社交的で外向的な人
もいるので、問題や顧客関連事項をどのように積み上げていくべきかにつ
いて明確なルールが与えられれば、顧客とのかかわりもうまくできるかも
しれません。過剰に社交的な自閉症社員の場合、その過剰なおしゃべりが

逆効果になることもあります。一方、自閉症社員の中には、必要とされる対人関係スキルのレベルに非常に不安を感じる人もいます。自閉症社員を顧客と接する仕事に就かせるかどうかの判断は、個人ごとに行う必要があります。

　自閉症社員が顧客の職場で働くことを要求される場合、問題が生じることが多いのです。自閉症であることを開示している自閉症社員は、上司や同僚が彼に必要な合理的配慮を図ることに精通しているため、その職場でうまくやっていけるようになっている可能性があります。しかし、慣れない環境での作業を要求されると、自閉症の特性から生じる問題が再燃する可能性があります。

　高度な技術力を持つ自閉症社員は、ビジネスマネジメントの役割には向いていないかもしれませんが、社交性よりも技術的な協調性が求められるような顧客との仕事ではうまくやっていけるかもしれません。もちろん、顧客の企業が自閉症の特性を理解し、その社員が自閉症であるということを開示していることがベストですので、その自閉症社員をどのように現地の一員とするのがベストかを話し合うとよいでしょう。たとえば、自閉症のシステムエンジニアを顧客の職場の同じ技術分野にマッチングさせることで、自閉症者の社会的交流への不安を和らげると同時に、専門的な技術サポートや専門知識を提供することで顧客に付加価値を与えることができます。

「わかっていない」自閉症社員には
どのように対応すればいいのでしょうか？

　自閉症社員と接するときは、自分にとって明白だと思われることが、まさにその通り、「自分にとって」明白なだけだということを常に念頭に置いてください。顔の表情や声のトーン、ジェスチャーなどで伝える微妙なメッセージは、自閉症社員にとって解釈が難しいものなのです。社会的状況と同様に、どんな話題についても、自閉症社員とのコミュニケーションにおいては、ジェスチャーや声のトーン、皮肉などに頼らず、直接的に、

表6.1　一般的なビジネス用語の言い換え

一般的に言われること	直接的な言い換え
今、このレポートに対処できますか？	あなたがしている仕事をやめて、最初にこのレポートを作成してください。それから、他のプロジェクトを終了してください。
あなたは箱の外で考える必要があります。	今まで使ってきたものとは違うアイデアを考えていただきたいと思います。
2階に蹴り上げてください。	上司に転送するか、渡してください。

詳細に、具体的に意味を伝えることが大切です。すなわち、ビジネス用語やイディオム、皮肉などを使わず、自分の言いたいことを率直に伝えるのです。

　自閉症社員は、「いつ」「どのように」「どのくらい」やってほしいのかを正確に伝えることで、指示の解釈ではなく作業に集中できるようになります。そのためには、仕事の締め切り期日や内容を具体的に説明し、可能であれば、同様に完了した課題、研究、レポートの例を示して、望ましい結果や形式が明確になるようにする必要があります（これらの問題は、第Ⅲ部「仕事の遂行能力」で詳しく説明しています）。表6.1は、職場での一般的な要求を、より直接的に意味が伝わるように言い換える方法のいくつかの例を示しています。

　「私の言ったことがわかっていますか？」のように「はい」か「いいえ」で答えるような質問は、自閉症社員にとっては漠然としすぎていて、意味を理解していようがいまいが、無能だと思われたくないがために「はい」と答えてしまう可能性があります。自閉症社員には、あなたの話を聞いたときにちゃんと解釈できているかを確かめるためにリピートしてもらい、「理解しているかどうかを確認する」時間を常に設けてください。自閉症社員は相手が何を必要としているかを理解するために質問をし続けるということを念頭に置き、相手が要求してきたらより明確に説明し、相手が何度も答えを聞く必要があることを理解してください。

　自閉症社員に対して直接的に、しかし敬意を持って指導することは、侮辱的な対応ではありません。それはとても良いマネジメントであり、評価されるものです。自閉症社員があなたや同僚上司に対して一線を越えてし

まった場合、本人は自分の行動の影響に気づいていないかもしれないし、誰かを怒らせたとわかると驚くかもしれないことを念頭に置いてください。自閉症社員の多くは、強い感情を出されるとシャットダウンしてしまうので、常に落ち着いてフィードバックを行います。そのような状況で自閉症社員の行動が相手にどのような影響を与えたかを説明することで、状況の中で生じたあなたの気持ちを伝え、その上で彼がどのようにすればより適切な行動ができたかを提案しましょう。

　自閉症社員が同僚からの（忙しいという）微妙なサインを見逃していることに気づいたら、「鈴木君は今忙しいようだから、この件については後で話すようにしてくださいね」などと、直接自閉症社員に説明してください。自閉症であることを開示している自閉症社員の場合には、同僚に自閉症社員に制限を設定してもよいということや「自閉症社員がヒントや手がかりがわからないとき」には、直接伝える方がいいことを説明します。

　自閉症者の中には、皮肉やジョークを理解する人もたまにはいますが、多くの自閉症者はそうではありません。もし、本当に皮肉を理解しない自閉症社員と仕事をしているのであれば、その自閉症社員には皮肉を言うのはやめましょう。また、同僚上司から「からかわれる」ことにより戸惑い、自分がその（からかいの）対象になることを非常に嫌だと感じることがあるので、そのような場合は必要に応じて介入してあげましょう。明らかに理解できないとわかっている自閉症社員に職場で皮肉を言うと、いじめの領域に達する可能性があることを覚えておいてください。

　自閉症者が職場でうまく仕事をやっていくためには、指揮系統が明確に決まっている必要があります。誰に休暇の申請をすればいいのか、さまざまな仕事において誰に助けや指導を求めればいいのか、仕事を買って出たり、職場で仕事以外の活動をしたりする際の手順を明確にしておいてください。

　自閉症社員は、特に人とのかかわり（社内での複雑な人間関係）やチームでの仕事に関連して、職場内での明確なルールを必要とします。自閉症社員は、誰かが話し終わるまで考えを持続することが難しく、質問のために会議を中断してしまうことがあるので、自閉症社員には後で質問に答える

表6.2　ネガティブな表現をポジティブな表現に変換

ネガティブ表現	ポジティブ表現
あなたは間違えている。	あなたの例では、XがYを改善する方法がわからないので、説明してください。
この会議は私の時間を無駄にしている。	このアイデアを適切に議論するためには、もっと詳しく調査する必要があります。
この報告書にはばかげたミスがたくさんある。	このレポートの中で、正確ではないかもしれないものをリストアップしたので、あなたと一緒に確認したいと思います。

ようにするために質問のリストを作成するように伝えておきましょう。強い口調ではなくよりポジティブな方法で批判を言い換え、ミスを報告し、意見を表明する方法の手本を示すことで、自閉症社員が他の同僚上司を怒らせたり、困らせたりすることなく、自分の考えを伝えることができるようになります（表6.2を参照）。

　特に、チームのメンバーが異なる部門や部署に所属している場合、チームで仕事をするときは、自閉症社員が、自分に割り当てられた仕事について誰に報告すべきかを理解していることを確認してください。要求されている仕事の内容、成果、期限を書面で明確に示し、「何を」「どれだけ」「いつまでに」やるのかを具体的に指示します。チームへの自閉症社員のコミュニケーションも（口頭ではなく）紙に書くことを許可し、メールの宛先に誰を含めるべきかも明確にします。

　自分が自閉症であることを開示し、職場にうまく溶け込んでいるとしても、その自閉症社員が必ずしも顧客対応の仕事に適しているとは限りません。自閉症社員の中には、保険計理人同士のように、同じ種類の仕事をしている自閉症社員と顧客側でマッチングすれば、うまくいく人もいるでしょう。他の自閉症社員の中には、コミュニケーションやつながりを大切にするあまり、境界線を守るのが苦手な場合があります。あるいは、自分の仕事の仲間に属さない人に会うことを極端に恐れているかもしれません。顧客に接する職務において、完璧にこなす確実な方法はありません。そのため、顧客と直接にかかわる役割で働く自閉症社員を目にすることはあまりありません。顧客が自閉症社員のチームと会うことが必要な場合は、自

閉症社員と一緒に座って、どんなことをするのかというシナリオと彼に期待することの具体的な内容を伝えておきます。

　自閉症社員が、顧客とかかわる仕事をすることをやめさせる必要はありません。ただ、顔を合わせずに仕事ができるような状況を作ってあげる必要があることを覚えておいてください。上司は、顧客とのやりとりがある自閉症社員に対して、「お客さんから何か連絡があった場合、直接対応する前に上司に相談するように」など、顧客とどのようにかかわるかなど、明確な手順を設定する必要があります。

　この本を読んでいるからには、自閉症社員を雇用して、彼らが素晴らしい社員になるための管理方法を身につけさせることに関心を持っているはずです。しかし、顧客が自閉症を理解していない限り、自閉症社員が顧客とマンツーマンで向き合う仕事は、自閉症社員にとって難しいと思われます。自閉症であることを開示している場合は、顧客に対しても開示してもよい内容を自閉症社員と相談してみましょう。

関連する章

　・第 10 章　仕事の質

事例 6.4　彼はなじもうとしない！

一緒にランチに
行かない？

この事例に含まれるトピック

・奇妙な、または苛立たしい感じがする
・企業文化を理解できない
・服装規定を守らない
・（飲み会などの）職場の行事に参加しない
・一人で仕事をするのが好きである

このような場面に遭遇したことはありませんか？

・上司であるあなたは、ある社員に、昼食時に同僚と一緒に座るように言って、もっと社会性を高めるように促しました。しかし、彼は昼食を同僚のテーブルに運んだものの、本を読み始めました。あなたは「彼は同僚上司になじもうとしない！」と思います。
・同僚から「ある社員がいつもイライラして困る」と言われます。
・ある社員が、不揃いな服、だらしない服、職場にふさわしくない服を着ています。

根本的な問題は何なのでしょうか？

　生産性の高い職場環境を作るためには、一緒に働く人たちとうまくやっていくことが不可欠です。コーヒーブレイク、昼食、そして「給湯室前での雑談」などでの会話は、会議やその他の仕事に関連した交流以外でも、同僚同士が仲良くなれる機会を提供します。

> 最も成功したテクノロジー企業を設立した人々には、明らかに奇妙な人がいます。真に革新的な企業の創業者を調べてみると、通常の社会的慣習を無視した反逆者がいます[36]。

　職場での人間関係がうまくいかないため自閉症社員は同僚になじめず、「オタクっぽい」「マニアックだ」「変わっている」と言われることがあります。なぜなら、彼らの興味の焦点と強さは、一般的なものを超えているからです。プレゼンテーションのときに声の調子、抑揚、声の大きさなどが変だったり、体の動きがおかしかったり、会議中に不自然な笑顔を見せるなど、表情がその場の雰囲気に合っていないこともあります。すべてではありませんが、一部の自閉症社員は少し「ずれ」ているように見えます。

　自閉症社員の中には、身体的な症状がなく「普通」に見える人もいますが、自閉症の特性のためにずれてしまう場合もあることを覚えておいてください。自閉症社員の中には白黒はっきりした考え方をする人、多くの情報を与えようとする人、自分が正しいと主張して同僚を正す人、組織力に問題がある人などがいます。奇抜なところがない自閉症社員でも、職場で社会的になじめないことがあるのは、同僚上司が自閉症社員の行動に対して「期待が高い」からなのです。

職場における人間関係の状況

　　「私はちょっとした社交辞令が苦手で、いつも気まずいことを言ってしまうので、職場で人とかかわる際はなるべく話をしないようにしています」

　何気ない人付き合いがストレスになったり、過去にネガティブな経験を
していたりするために、自閉症社員が職場での人付き合いを敬遠するのは
珍しいことではありません。気の合う同僚と二人でランチを楽しむことは
できても、グループで食事をするのは苦手です。同僚とかかわりたいと
思っているのですが、何気ない会話がぎこちなかったり、不適切であった
りするのです。

　　　「昼食に行くのが一番怖いです。もし、職場の同僚みんなが昼食
　　　に行って、私も一緒に行こうと誘われたら、それは私にとって最悪
　　　の出来事です」

　自閉症社員の上司は、この自閉症社員の同僚から「この人が迷惑だった
りイライラさせられたりしている」と不満を訴えられるかもしれません。
同僚からの訴えは、特定の出来事に基づくものというよりは、第Ⅱ部で取
り上げてきたような、会話を中断する、質問が多い、話が長い、ある話題
に固執するといったタイプの行動が組み合わさったものです。
　複雑な社会的状況では、ある行動が適切かどうかを知る以上に、その行
動がいつ適切なのかを知る必要があります。どのような「隠れたカリキュ
ラム」のルールが適用されるかは状況の文脈によって決まるため、固定さ
れた社会的ルールを学んだ自閉症社員は、職場における人とのかかわり方
の継続的に変化する文脈にそのルールを適用または適応することが困難な
場合があります[37]。たとえば、昼食時に同僚との何気ない会話に参加で
きるようになった自閉症社員が、チームの「ランチミーティング」で自分
の興味のあることを話して否定的な反応を受けて驚くことがあります。
　出世すればするほど、より多くの人と接する必要が出てきますし、職場
での人付き合いも複雑になってきます。自閉症社員は、ソフトスキルや職
場の社会情勢を把握することが苦手なため、一般に管理職への昇進やキャ
リアアップができないのです。

企業文化

　企業の「文化」は、実際の職場環境の性質に加え、組織の価値観、方針、経営スタイルを含む、もう一つの文脈です。すべての企業には文化がありますが、それは明確に定義されたヒエラルキーを持つ、より伝統的なスタイルから、社会性が期待される、あまり構造化されていない共同作業環境までさまざまです。チームといっても、部門内の数人の社員のものから、機能横断的なもの、グローバルなもの、さらにはバーチャルなものまでさまざまです。

　自閉症社員は非常に論理的な傾向がありますが、会社の文化の規範や同僚の行動は、外国の習慣のように彼らを混乱させることがあります。その国の文化を理解していないと、社会的なルールを誤って破ってしまうことがあります。たとえば、インドネシアで人差し指で指差しをしたり、ギリシャでOKサインを出したりすると、失礼に当たるのです[38]。

　自閉症社員が職場にうまく溶け込めるかどうかは、職場環境が大きく影響します。自閉症社員が、共同で仕事を行ういくつかの環境で必要とされる人とのかかわりが困難な場合は、「仕事が中心で、遊びが少ない」企業文化の方が適しているかもしれません。一方で、技術的なバックグラウンドを持つ自閉症社員は、考え方や仕事の仕方が似ている他のエンジニアと交流することに喜びを感じるかもしれません。

服　装

　好むと好まざるとにかかわらず、私たちは服装で判断されます。企業の服装規定は企業文化の一部であり、企業の種類によって適した服装が違います。たとえば、投資銀行では、一般的にフォーマルなビジネスウェアが要求されますが、流行に敏感なハイテク企業では、Tシャツ、ジーンズ、パーカーが定番です。職場によっては、服装規定が曖昧であったり、非常にリラックスしたものであったり、オフィスではカジュアルな服装でも顧客と接するときにはスーツとネクタイが必要というように仕事の種類によって異なったりします。

　自閉症社員は、仕事でどのような服装が適切とされているのかを理解す

るのが難しいかもしれません。たとえば、「ビジネスカジュアル」という言葉は企業によって異なり、それに、「ビジネス」は「カジュアル」の反対語のように思えるので、この言葉自体が字義通りに解釈する自閉症社員には混乱を招くことになります。また、自分の服装と仕事の質にはあまり関係がないと思っているかもしれません。Facebook の創業者であるマーク・ザッカーバーグは、より重要なビジネス上の意思決定にエネルギーを集中させるために、毎日同じグレーのTシャツを着ていると説明していました[39]。さらに、自閉症社員の中には、襟付きシャツやネクタイ、窮屈な靴など、特定の生地や衣服に敏感に反応する感覚障害を持つ人もいます(第Ⅳ部「職場での感覚の問題」で取り上げています)。

人付き合いにおける緊張感

　働いている多くの人にとって、職場で人と話をすることは、ストレスや疲労を軽減して1日を乗り切るためのありがたい息抜きでもあります。しかし、自閉症社員の場合は、職場の社会的ルールを理解できていないことによって生じる以下のような不安感から、こうした職場での人とのかかわりが逆効果になることがあります。

　　　・職場ではどの程度の社交性や人とのかかわりが期待されているの
　　　　か？
　　　・1日の中でどの時間帯に、誰とかかわればいいのか？
　　　・どのような話題が適切だと考えられているのか？

　職場で当たり前のように行われている同僚上司とのかかわりは、多くの自閉症社員にとっては、ミスをしたり、意図せずに同僚を侮辱してしまったりすることを恐れて、不安に満ちたものになっています。自閉症社員は、思い通りにいかないときに柔軟に対応することが苦手なので、社会生活の中で、直前になって予定が変更になると、動揺したり不安になったりすることがあります。

　　「私は、週の半ばくらいなると、人と接することで極度の疲労感
　　に襲われます」

　本人が自閉スペクトラム症である著名な学者のテンプル・グランディン
は、「自閉症者は社会性に欠ける傾向があります。すべての社会的回路を
持つためには、脳内の膨大なプロセッサスペースが必要なのです」と述べ
ています[40]。自閉症社員は、1日が終わるころには、人とのかかわりで
必要とされることを意識する努力に疲れてしまうかもしれません。自宅で
エネルギーを補給し、翌日には仕事に戻れるように、職場内で追加の社会
活動があると、参加を避けることもあります。

職場の人間関係になじめない社員には
どのように対応すればいいのでしょうか？

　今日、私たちはユニークな個性を賞賛する文化の中で生活しています。
そのため、多くの職場、特にクリエイティブな分野や技術的な分野では、
奇抜であることや変わっていることはさほど問題ではないようです。しか
し、自閉症社員の場合は、自分の行動が同僚にどのような影響を与えてい
るかを理解していないだけでなく、奇抜さの度合いも大きいので、一般的
には目立ちます。

　同僚上司とのトラブルが発生したときに自閉症者の視点を理解すること
は、その状況を効果的に管理するための鍵となります。自閉症社員に、自
分が「何を」したのか、そのとき「何を考えていたのか」を聞いてみると、
多くの場合、「隠れたカリキュラム」に基づく誤解であることがわかりま
す。誰かが自閉症社員のことを「イライラする」とか「腹立たしい」と訴
えたときには、その社員がどのように、どのような状況で煩わしい思いを
したのかを説明してもらい、その行動を文脈の中で見ることができます。

　「隠れたカリキュラム」のルールの多くは、はっきりと教えられている
わけではなく、さまざまな場面で社会的ルールを破ったり守ったりした場
合の結果を観察することで学んでいくものです。自閉症社員は、はっきり
とした明確なルールに従うことで社会的なミスを避けようとしますが、状

況の類似性ではなく相違点に注目してしまうため、ある状況から別の状況へと適切な行動を一般化することが困難なのです。管理者であるあなたが自閉症社員に対して、異なる文脈の中でその行動を説明することで、同じような状況で適切な行動を般化していくことができるようになります。たとえば、何気ない会話の中で自閉症社員が同僚に対して誤りを指摘し続けることがある場合に仲裁する際、会議中にも相手を訂正したりしないようにという話に広げることができます。

たとえば、同僚との会話の方が顧客との会話よりもカジュアルであることを知るなど、ほとんどの人は状況の文脈を自発的に把握しています。自閉症者は、社会的な人とのかかわりに文脈がどのように影響するかをあまり意識しないので、ある行動が「なぜ」不適切、迷惑、または非社交的なのかや、その行動が相手に「どのように」影響を与えたかを説明する際に、関連している社会的状況を詳しく説明することが重要です。可能な限り、問題となる行動に対して、何を、いつ、どこで、どのように、その状況にルールを適用するかをはっきりとわかりやすいかたちで以下のようにルールを提供します。

- 人の外見（容姿）についてコメントしないようにしましょう。（何を）
- お客様と会うときは、シャツとネクタイを着用しましょう。（いつ）
- 会議中に不安になったら、数分間部屋を出てみましょう。（どこで）
- （同僚の誤りは）みんなの前でではなく、個人的に修正しましょう。（どのように）

勤務時間、休憩時間、ボランティア活動など、自閉症社員が戸惑うような職場内での活動や企業文化の側面について、具体的なガイドラインを示しましょう。必要に応じて、職場の人間関係、企業文化、仕事の手順などに関する質問に答えてくれるような同僚を配置します。

　今日の職場環境では、適切な服装という言葉は非常に混乱を招く可能性があります。特にカジュアルな服装という場合は、服装規定と身だしなみの基準について以下のように明確なルールを示してください。

・常に仕事用の服やユニフォームを着用しなければならない環境がある場合は、どのような服装が求められるかを説明します。

・職場によっては、いろんな場面で異なる服装規定が設定されている場合があります。それらを書き出して、通常の仕事、顧客の現場訪問、ボランティア、特別なイベントへの参加など、さまざまな異なる仕事の場面で着用しなければならない服装を自閉症社員に渡します。

・（職場での）服装規定はカジュアルですが、顧客と接する際にはきちんとした服装が必要な場合、可能であれば事前に通知するか、デスクの引き出しやクローゼットに（男性の場合は）シャツとネクタイ、（女性の場合は）スカートとブラウスを入れておき、すぐに着替えられるようにすることを指示します。

　自閉症社員の中には、特定の生地や、ネクタイなどの締め付けられるタイプの服に非常に敏感な人がいます（第Ⅳ部「職場での感覚の問題」参照）。そのような場合には、可能な範囲で、ネクタイを外し、襟の開いたシャツでもかまいませんが、きちんとプレスした、適切なビジネスウェアを着用することができるような配慮をしましょう。

　自閉症社員を（飲み会などの）職場外の活動に誘うのは自由ですが、断られても悪く思わないようにしましょう。（社員旅行やグループのボランティア活動などで）出席が必要な場合は、可能であれば参加はより限定的なものにしてあげましょう。

　職場の社会活動に参加したがる自閉症社員もいれば、奨励が必要な自閉症社員もいます。いずれにしても、事前にどのような活動が行われるかをモデルで示しておくことが、自閉症社員もうまく適応できるものと思われます。上級管理職や顧客と接する際の境界線を設定し、会話の始め方、進

め方、切り上げ方などの戦略を提供したり、仕事以外の会話で適切なトピックを提案したりする必要があるかもしれません。

　自閉症者は一匹狼だと思われがちですが、人付き合いに不安や不快感を感じたり、他の人との交流やコメントなしに自分の仕事に集中したいなど、同僚と離れて過ごしたい理由はさまざまです。決して自閉症社員に参加を強要してはいけません。しかし、本人が自閉症であることを開示しているのであれば、毎日の社会的かかわりで疲労してしまうなど、自閉症に関連する問題が社会参加を妨げているのではないかということを自閉症社員に尋ねてもよいでしょう。また、感覚的な問題が絡んでいる場合もあります（第Ⅳ部で説明します）。職場環境に刺激が多すぎたり、社員のたまり場がうるさすぎたりして、自閉症社員が休憩時間を必要としている場合もあります。

関連する章

　　・第11章　感情抑制
　　・第13章　感覚過敏

人とのかかわり：合理的配慮のまとめ

　「隠れたカリキュラム」とは、誰もが教えられなくても知っている社会的な情報であり、誰もが理解していると思われている職場の社会的ルールの多くの根拠となっています。ジェスチャー、スラング、微妙な社会的サインなどの非言語的コミュニケーションを読み解き、ジェスチャー、顔の表情、声のトーンが相手の言うことと一致しない場合には、その意味を理解することです。職場での「隠れたカリキュラム」を理解することは不可欠です。なぜなら、それは多くの人々が礼儀正しいと考える行動を構成し、自閉症社員が同僚上司の要求や期待を解釈するのに役立つからです。

　（職場のような）社会的環境で効果的に、楽しく、適切に人とかかわり、コミュニケーションする能力は、一般的に「社会的知能」「ソフトスキル」

または「ピープルスキル」と呼ばれています。社会的知能は、相手が「何を」考え感じているかを想像するだけでなく、その人が「なぜ」そのような考えや感情を持っているのかを判断する必要があります。私たちは、実際に人が話す言葉と同様に、表情やジェスチャー、声のトーンなどから情報を得て、それが現在の状況や過去の類似した状況とどのように関連しているかを評価し、それに応じて対応します。

　このプロセスの多くは自然発生的なものです。私たちは、社会的な手がかりを解釈し、他者の動機を理解し、適切に対応することについて意識していないので、これらのスキルを持たない（自閉症のような）人の生活を想像することは困難です。自閉症者は、神経学的な構造上、人とのかかわりに関するさまざまな要素を「全体像」に統合することが難しく、職場での社会的要求に応えるために必要な「ソフトスキル」を身につけることが難しい状況です。多くの自閉症者は、人とうまくかかわりたいと思っていても、どうすればいいのかわからないのです。深い感情を持っているのですが、彼らの自閉症の特性がゆえに、そうでないように見えてしまいます。他者に対する共感を覚えても、それをうまく表現することができないのです。

　自閉症社員が職場の「隠れたカリキュラム」を読み解くのが困難なため、他の同僚上司は、彼らに対して以下のように認識してしまう可能性があるのです。

・彼はとても失礼な奴だ。
・彼は自分がすべてを知っていると思っている。
・彼は社会的な手がかりの微妙な違いをわかっていない。
・彼は社会になじめない。

　自閉症社員は、職場の社会構造にうまく溶け込みたいと思っています。彼らの行動は主に脳の働きに基づいていることを覚えておいてください。彼らは意図的に、目を合わせないようにしたり、会話を遮断したり、失礼な態度をとったりして人を遠ざけようとしているわけではあ

りません。

　自閉症社員は他者を不快な思いにさせる意図があるわけではなく、一般
の人たちが自然に習得している「ソフトスキル」を獲得するために指導が
必要であることを理解することが、同僚上司に対して以下のような建設的
コーチングを提供する鍵となります。

- 不適切な行動を指摘する際には、その行動が「なぜ」失礼であっ
  たり、無神経とみなされるのか、また、相手が「どのように」感
  じるのかを、シンプルでわかりやすく、直接的に説明しましょう。
- その自閉症社員をその場から連れ出して、同僚に不快感を与えな
  いようにどのような言い換えをすればよいかを指導しましょう。

アイコンタクトについては、

- 自閉症社員の中には、目を合わせない方がコミュニケーションを
  とりやすい人もいるので、決して自閉症社員にあなたを直接見る
  ように強制してはいけません。彼らが返事をするために考えをま
  とめている間、少しだけ目をそらす時間を与えてください。
- 相手の目を見ているといった印象を与えるために相手の鼻や眼鏡
  などの顔のニュートラルな部分を見ることを提案したり、レポー
  トやリストなどの（口頭ではない）視覚的なものを使って、共通
  の焦点ポイントを共有することができます。

顔の認識については、

- 自閉症社員が同僚上司の顔を認識したり名前を覚えたりするのが
  苦手な場合は、写真付きの社員名簿を用意したり、スマートフォ
  ンに同僚上司の特徴がわかるような情報を入れておくことを提案
  します。

　自閉症者の中には、「知ったかぶり」をして、自分が何かを理解していないことを認めない人がいます。提案されたことすべてに疑問や批判を抱き、批判的な指導には否定的な反応を示すことがあります。そのような場合には以下のような支援を行いましょう。

- 「私の言ったことがわかっていますか？」というのではなく、自閉症社員に上司が言ったことを反復してもらうことによって、理解しているかどうかを確認します。
- （仕事の上で）省略したいところや変更したい箇所がある場合は、その理由を説明し、自閉症社員が気になる点は何かを伝えてもらいましょう。

批判的な言動をしてしまう自閉症社員の場合は、

- よく他者のミスを指摘する場合があるので、（他者に直接指摘するのではなく）ミスや懸念事項をリストにして上司と個人的に共有するよう依頼します。
- 同僚を過剰に批判するような自閉症社員には、「誰かに訂正されて、自分が正しいと思ったときにどう感じるかを考えてみてください」と諭します。

批判を受け入れることについては、

- 自閉症社員が批判された場合は、まずその人の優れている点と、その長所をどのように伸ばせばよいかを話し合うことで、状況を整理します。
- 批判的な指導の際には、自閉症社員がどこを変える必要があるのか、そしてその理由を明確に説明し、どうすれば改善できるのかといった指針を提供します。

　自閉症社員は、ジェスチャーや声のトーン、皮肉などの非言語的なサインが理解できないため、職場で人間関係のミスを犯してしまうことがよくあります。

・ビジネス用語や専門用語、皮肉などを使わず、直接的にわかりやすい言葉で伝えましょう。
・ある社員が同僚からの微妙なサインを理解していないことに気づいたら、「○○さんは今忙しいようだから、この件については後で話すようにしましょう」などと、直接介入して説明しましょう。
・求められればより明確に説明し、自閉症社員は、答えの意味を理解するために何度も聞いてくることがあるかもしれないということも理解しておきましょう。

職場の人間関係については、

・職場での指示系統を明確にしておきましょう。
・職場内では、特に職場の人間関係やチームで仕事をする場合は、その進め方について、明確なルールを設けておきましょう。

顧客とやりとりしなければならない場合は、

・顧客との接触がうまくいくように、自閉症社員に対して顧客との対応の仕方を構造化しておきましょう。
・顧客と接する自閉症社員のために、課題や顧客関連事項をどのように積み上げていくかなど、明確な手順を設定しておきましょう。

　1日の仕事の中では、さまざまな場面で人とのかかわりが必要となりますが、自閉症社員が同じような状況で適切な行動を般化したり、企業文化を理解したり、仕事以外のイベントに参加し続けることは難しいことです。

- 自閉症社員が適切な人とのかかわり方を理解できるように、さまざまな状況（文脈）で説明しましょう。
- 問題となっている行動について、「何を」「いつ」「どこで」「どのように」ルールを適用するかを明示した「明確なルール」を、可能な限り提供しましょう。

企業文化の理解については、

- 職場内の人間関係、さまざまな仕事の手順などについて質問できる自閉症社員担当者（または「頼りになる」人）となる同僚上司を任命しましょう。
- 勤務時間、休憩時間、ボランティア活動など、自閉症社員が十分には理解できないような企業の文化や決まりについて、具体的なガイドラインを示してあげましょう。
- 職場における服装規定や身だしなみについての明確なルールを提供してあげましょう。

職場の社会的な活動については、

- 自閉症社員を（飲み会などの）社員同士の社会活動に誘うのは自由ですが、断られても気にしないようにしましょう。
- 社員旅行など、半ば強制的な会社のイベントに参加しなければならない場合は、可能であればより限定的な参加でいいようにしてあげましょう。
- 職場で社会的イベントが開催される前に、社会的かかわり方のモデルを作ったり、自閉症を理解してくれる同僚を配置したりして、自閉症社員がうまく対応できるようにしましょう。

第III部

仕事の遂行能力

7 仕事の遂行能力の紹介

　第Ⅱ部の「職場での人間関係」では、社会的スキルや社会的知能の発達には、「心の理論」（他人の視点を理解する能力）と「隠れたカリキュラム」（はっきりとは教えられていないけれども、誰もが知っている社会的ルール）が大きな役割を果たしていること、そして、この二つの分野の問題が、自閉症社員が職場での（同僚上司や顧客との）人間関係において抱える困難の多くを占めていることを説明しました。文脈や「全体像」を把握することも大きな役割を担っています。それは、異なるさまざまな社会的状況の性質に意味を与え、変化する状況下で、自閉症社員が適切に行動する方法を知ることができるようにするからです。

　社会的な問題に加えて、自閉症者は、「組織化」「計画性」「優先順位の設定」「時間管理」、物事が予期せずに変化したときの「柔軟性」と「平常心の維持」などに困難を抱えています。これらの課題は、他の能力や行動をコントロールして調整することができる「実行機能スキル」または「組織化スキル」と呼ばれる精神機能過程のグループに関連しています。これらは、結果を予測し、状況の変化に適応することができるため、目標行動には必要なものになります。

実行機能

　実行機能とは、自分の思考や行動を管理・制御するための認知的プロセスの総称です（表7.1参照）。実行機能のスキルはIQとは直接関係なく、むしろ持っている知能をどれだけうまく使えるかに関係しています。複雑な方程式を解くことができてもオフィスで何も見つけられない「ぼんやりした教授」のようなものです。人は成長するにつれ、実行機能が発達し、人生における最も単純なタスクから最も複雑な仕事までをこなすことができるようになります。

　他にも、処理速度や集中力、時間概念など、仕事の遂行能力に関係する認知過程があります。「処理速度」は知能とは異なりますが、仕事を効率的にこなす能力に影響します。処理速度が速いと、情報を素早く整理することができますが、処理速度が遅いと、「一度に複数のことを同時に指示

表 7.1　実行機能のスキル

計画性 　考えや資料を整理する 　優先順位をつける	時間管理 　必要な時間を見積もって配分する 　処理速度の調整
集中力 　最後までやり抜く 　気が散らないようにし、注意をシフトする	情報取得 　詳細の記憶 　過去の学習の利用
柔軟性 　仕事間の移行 　ルーチン（決まりきった活動）からの変化への対応	感情抑制 　フラストレーションと感情の抑制 　話す前に考える

されても実行できない」「簡単な判断や答えを出すのに時間がかかる」「会話のやりとりについていけない」などの問題が発生します。処理速度の調整とは、優先順位や時間に応じて、仕事の実行速度を遅くしたり早くしたりすることです。

　「時間概念」には、「仕事を完了するためにどのくらいの時間が必要なのか」、また、「仕事に取り組んでいる間にどのくらいの時間が経過したのか」、といった時間の経過を理解することが含まれます。「時間管理」は仕事の遂行能力を左右する重要な要素です。1 時間後に締め切りの仕事にどう取り組むかと、2 週間後に締め切りの課題をどう管理するかは異なります。「集中力」も同様に仕事の遂行能力において重要な要素です。

　社員の誰もが、実行機能のさまざまな分野で助けを必要としているかもしれません。また、一般的な組織力を高めるためのビジネス書、コーチ、ワークショップはたくさんあります。しかし、自閉症社員の場合は、実行機能の問題に加えて、「心の理論」など他の分野の問題が重なり、これらの問題を解決するための支援や合理的配慮が必要になることがあります。

仕事の遂行能力、「全体像」、そして心の理論

　「仕事の遂行能力」の概念には、実行機能スキルに加えて、第 II 部で取り上げた「心の理論」や「全体像の把握」といった具体的な側面も含まれています。研究者たちは、「全体像」を把握する能力を「中枢性統合」と呼んでおり [41]、仕事の遂行能力における重要な要因となっています。「中

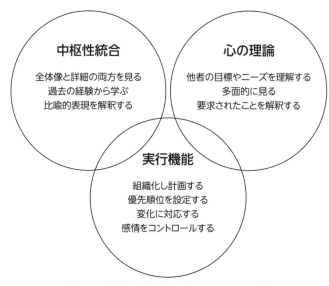

図 7.1　仕事の遂行能力における三つの要素

枢性統合」は、目標を達成するために、細部と全体像との間を焦点を移動させながら全体を把握することを意味します。自閉症者は、この「中枢性統合」が弱いため、詳細なことは正確に思い出すことはできても、全体的な意味を見落としてしまうことがあります。物事をできるだけ小さな部分に分けて考えるのが特徴です。

　「中枢性統合」は、全体の状況を把握するためのレンズである「文脈」と関係しています。よって、それは優先順位を決めたり、現在の状況に似た過去の状況から学んだりする能力をも包含しているのです。また、「レポートを 2 階に蹴り上げる（レポートを上司に提出するの意）」のような慣用句や、「番号を数個教えてください」のような正しくない言い方も、状況の文脈（話す人の意図）を考慮することで、意味を理解することができます。文脈を理解していないと、自閉症社員は、与えられた役割が仕事の全体像とどのように関連しているかを理解できず、仕事が不正確であったり、不完全であったり、関連性がなかったりする可能性があります（図7.1 参照）。

　企業で働く社員は、「心の理論」によって、上司が達成したい目標を認識し、上司の要求を予測することで、自分の仕事の役割を理解します。一般的に、上司や同僚の意図を理解することは、社員が他者とうまく協力し、職場の人間関係をやりくりし、職場の他のメンバーの視点を察知するのに役立ちます。自閉症社員が人とのかかわりの中で経験する「心の理論」にまつわる困難さは、職場で顕著になり、その結果、仕事の内容を誤って解釈したり、上司の意図を読み違えたりすることがあります。

仕事の遂行能力における強み

　自閉症者の中には、長時間のルーチンワークでも集中力が持続し、論理的なルールやパターンを見極め、視覚情報を処理し、高度に専門化した分野の膨大な事実や情報を記憶することができる人がいます。たとえば、どんな職場でも有用かつ創造的な応用が可能な推論能力や斬新な問題解決能力を包含する「流動性知能」など、特定の認知的な強みを示すことがあります [42] [43]。

典型的な仕事の遂行能力における問題

　仕事の遂行能力における自閉症社員の問題は以下の通りです。

　　・締め切りに間に合わない
　　・組織化することが苦手で、優先順位をつけられない
　　・指示を文字通りに解釈してしまう
　　・常にフィードバックが必要
　　・人と違う方法を選び、強情で、自分のやり方を変えようとしない
　　・イライラしやすい

仕事の遂行能力における問題に関する
自閉症開示と合理的配慮

　自閉症社員が仕事を遂行する上での問題は、自閉症社員一人ひとり異なります。多くの自閉症社員は実行機能の問題に対処するための配慮を必要としますが、自閉症社員の中には仕事を整理したり、時間を管理したりすることに優れている人がいるかもしれません。仕事の遂行能力の問題は、対人関係の問題や第Ⅳ部で説明する「感覚の問題」に関連していることがあります。

　自閉症社員とその上司にとって、自閉症であることを開示する最大のメリットは、仕事の遂行能力の問題と考えられている問題が、当人の適性や能力とは関係ないということを理解してもらえることです。むしろ、これらの問題は、仕事をどのように決めて自閉症社員に提供しているかということに関係しているかもしれません。仕事の遂行上の問題に対する合理的配慮には、自閉症社員が組織化スキルにどのような影響を与えるかを「理解」することが含まれ、指導方法やルールには、指示を明確にして仕事を構造化することが必要です（表 7.2 参照）。自閉症社員が自分が「何を」すべきか、どのように「いつ」それを提供するかといったことを理解していることを、上司は確認しなければなりません。

　次の四つの章「組織化」「時間管理」「仕事の質」「感情抑制」では、自閉症社員にとって最も典型的な仕事の遂行能力上の問題と、より効率的に、より少ないストレスで仕事ができるようにするためのさまざまな合理的配慮について説明します。ここで紹介されている合理的配慮や管理方法は、難しいものでも、時間がかかりすぎるものでも、コストがかかるものでもありません。その多くは、多少の思考や努力を必要とするものの、すべての社員に有効な優れた管理方法です。自閉症社員は、これらの指導から学んだ教訓を習得するのに少し時間がかかるかもしれませんが、時間が経てば習得できるので、将来的にはこのような合理的配慮をするための努力が少なくなってきます。

表 7.2　仕事の遂行上の問題に対する合理的配慮

	定　義	例
理解	自閉症の観点から仕事の遂行能力における問題を見る方法	自閉症社員は、与えられた仕事すべてが同じように重要だと考えるため、優先順位をつけるのが難しい場合があります。
指導方法	使える簡単な指導法	週払いの給与計算など、常に優先されるべき仕事のルールを作成します。
ルール	受け入れられる行動要因を定義する具体的な文書	「この手順に変更を加える前には、必ず私に確認してください」

8 組織化

　時間や締め切り期限の管理、優先順位の設定、仕事の計画など、職場環境のあらゆる場面で組織化スキルは普及しています。実際、1日の仕事を組織化（整理）して優先順位を決める能力は、仕事だけでなく生活全般において必要不可欠です。第Ⅱ部では、自閉症社員がどのように世界を考え、認識しているかを理解することが、職場の人間関係を管理する上で重要であることを強調しました。しかしながら、「組織化」に関する問題（そして多くの仕事の遂行能力に関する問題）は、理解するだけでは問題を解決することはできず、仕事の能力を最大限に発揮するために必要な具体的なスキルを解決する指導が必要です。

　「組織化」とは、「リバースエンジニアリング（機械を分解し、製品の構造を分析する）」のようなもので、目標や仕事を念頭に置いて、その構成要素を分析することです。組織化が苦手な人は、仕事の始め方、仕事の細分化の仕方、やるべきことの優先順位づけの仕方などがわからないことがあります。たとえば、図8.1に示すように、多くの社員にとって1日の最初の仕事の始まりは「時間通りに会社に行くこと」です。

　このような流れは、多くの大人にとっては単純なものに見えるかもしれませんが、第7章で述べた「実行機能」のスキルが大きく影響しています。時間通りに仕事をするため（図8.1）には、最終的な目標（決まった時間に会社に到着すること）を確認し、それから、会社へ行くための準備や移動にかかる時間や、変化がある場合（客先での打ち合わせ、出張、早出など）による影響も考慮して、効率的な順序で仕事全体を組織化することが必要です。

　私たちは、朝、ドアを出るまでに必要なことすべてを考えることはありませんが、1日の仕事をうまく始めるためには、以下のようなことをする必要があります。

　　・前日の夜に、翌朝の起床時間を決めておくこと
　　・目覚まし時計をセットして、時間通りに目が覚めるようにしておくこと
　　・歯を磨く、シャワーを浴びる、その日に合った適切な服を選ぶ、

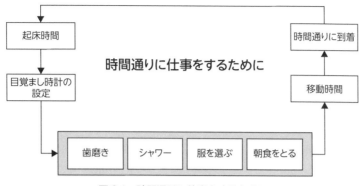

図 8.1　時間通りに仕事をするために

　着替える、朝食をとるなど、朝の習慣の活動と順序を決めること
・職場までの移動や最初の活動に十分な時間をかけて家を出ること
　ができるように、これらの活動に優先順位をつけ、それぞれに適
　切な時間を割り当てます。

　自閉症者にとっては、この「単純」な過程が、その日の最初の「組織
化」における問題となります。また、職場では、スケジュールや（締め切
りなどの）期日の管理、仕事の計画と優先順位づけ、「全体像」を把握し
ながら細部に集中することなどに苦労することがあります。この章では、
自閉症社員の職場で最もよく見られる「組織化」における問題を取り上げ
ます。

<u>肯定的な側面</u>

　・細かいことを記憶し、処理し、パターン化が得意な自閉症社員の
　　能力は、時に複雑な問題に対する創造的な解決策をもたらすこと
　　があります。
　・自閉症社員は、正確さ、規則性、パターン化された仕事を要求さ
　　れる反復作業を得意とし、興味のあるテーマを調査してカタログ
　　化することに情熱を持っています。彼らは情報を記憶し、それを

積極的に共有することで、同僚の間で貴重な情報源となることが
あります。

この章を読むにあたって、すべての自閉症社員がここで述べたすべて
の行動をとるわけではないことを覚えておいてください。それぞれの
自閉症社員は異なっており、自閉症に関連する課題はその人に固有の
ものになります。

事例 8.1　見通しを立てて仕事をすることが なんてできないんだ！

毎日のスケジュール

- 9：00　仕事を開始する
- 10：00　仕事の優先順位を決める
- 11：00　仕事の優先順位の見直しをする
- 12：00　仕事の優先順位が気になる
- 1：00　とにかく仕事を始める
- 2：00　仕事の優先順位の見直しをする
- 3：00　優先順位に関してメールを送信する
- 4：00　仕事の優先順位の見直しをする
- 5：00　明日仕事を開始する予定を立てる

この事例に含まれるトピック

- ・仕事の計画が立てられない
- ・仕事の優先順位をつけられない
- ・仕事をなかなか始められないように見える
- ・仕事に遅刻することが多い

このような場面に遭遇したことはありませんか？

- ・ある社員に仕事を割り当てたのですが、必要な情報を把握できていません。そして、「この社員は見通しを立てて仕事をすることがなんてできないんだ！」とあなたは思います

・ある社員に 1 日にやってほしい To Do リストを渡しても、優先順位の高い順にこなすことができません。
・ある社員が仕事に遅刻したのは、食べ物を切らしてしまったので仕事の前に店に行って買い足したからです。

根本的な問題は何なのでしょうか？

組織化のスキル

　職場では、重要度のレベルが変化したり、時間の枠が異なったりする中で、さまざまな仕事をこなすことが求められます。（見通しが持てるように仕事を）組織化することで、1 日の流れを把握し、効率的で、気が散らないようにすることができます。仕事を組織化するには多くのサブスキルが必要なため、組織化能力の低さは実行機能の問題の特徴の一つといえます。まず、仕事のどの部分から取り組む必要があるかを決めなければなりません。次に、その仕事の重要な要素と重要でない要素を区別する必要があります。そして、目標期日を設定し、一定の時間内に達成しなければならない他の部分も念頭に置きながら、最も重要なステップから先に着手しなければなりません。

　組織化の問題は人それぞれで異なります。自閉症社員は、仕事を達成するためのステップを決めるのは得意であっても、どれが最も重要なのかを決定するのは難しいかもしれません。別の自閉症社員は、優先順位をつけることにはできても、仕事のあまり重要でない側面については仕上げることができないかもしれません。ある研究者によると、（自閉症社員は）自分の興味のある分野に取り組むときには体系的で詳細な作業ができるのに、組織化された書類や報告書を作るのが苦手だったりすると言われています。

　会話においても、組織化と優先順位づけは必要です。あなたが誰か人とかかわっているとき、あなたの脳は「誰が話しているか」「何を伝えようとしているか、あるいは何をしてほしいか」という相対的な重要度に応じて、受け取る情報を組織化しています。

　「組織化」とは、仕事の資料、情報、時間を管理するシステムを作り、

維持することです。たとえば、文書は一般的に、関連する情報群の階層に沿ってフォルダに整理され、各フォルダには異なるレベルの詳細情報を保持する他のフォルダが含まれることがあります。効果的なファイリングシステムは、情報がどのように使用されるか、誰がそれを使用するかを考慮しています。自閉症社員は、論理的なカテゴリーを決定することが困難であったり、自分にとっては完全に論理的に見えるけれども、同僚にとっては混乱を招く方法で資料を整理することがあります。

　効果的にスケジュールを組むということは、決まった時間内に仕事が達成できるように計画し、優先順位をつけることです。多くの社員は、手帳やスケジュール管理ソフト、電子カレンダーなどの使い方を知っていますが、自閉症社員の場合は、スケジュールを管理するシステムを設定したり、仕事の項目を追加したり仕事を複数日に分けたりするようなルーチンに援助が必要になります。

　　　「私は、自分自身を整理し、予定を管理し、個人的なことから仕
　　　事に至るまで生活全体を組織化するためのツールの一つとして、
　　　iPad を使っています。私はカレンダー機能を使っていて Google と
　　　同期させているので、定期的にリマインダーが送られてきますし、
　　　誰かが私と何かを予定したいと思っているかどうかもわかります」

　自閉症社員は、優先順位の高い仕事を他の仕事よりも先に終わらせるように 1 日のスケジュールを組み立てるのは難しいかもしれません。1 日の始まりに、その部署を理解している同僚上司とスケジュールを確認することで、自閉症社員はどのような仕事を優先すべきか、その仕事にどのくらいの時間を割り当てるべきかを理解することができます。

プランニング（計画立案）
　職場では、毎日のスケジュールから、仕事や行動計画まで、あらゆる場面でプランニングが必要です。「プランニング」と「優先順位づけ」という「実行機能」は、職場での組織化スキルの中核をなすもので、どこに注

意を向けるか、どのような手順を踏み、どのように重要度の順番を決定するかといったことが含まれます。仕事を計画する際は、目標あるいは「全体像」を頭の中に描きながら、その仕事をより扱いやすい部分に小分けしていくことになります。

　時間管理（第9章で解説）は、計画を立てる上で重要な要素です。いつまでに終わらせなければならないかといった仕事の「期限」を知るだけでなく、「どれくらいの時間」をかければその仕事を終えられるのかを知る必要があります。自閉症社員は、仕事のスケジュールのどこで時間を割けばいいのかわからなかったり、その仕事に取り組むことで他の仕事の締め切りに影響が出ることを認識していなかったりするため、仕事を割り当てる際に「スケジュール内に時間を作ってください」「時間を取ってこれをやってください」と言うだけでは十分ではありません。

　自閉症社員は、仕事を計画する際に、必要な情報のすべてを考慮していないかもしれませんし、その情報をどのように入手するかもわかっていない可能性があります。たとえば、レポートやプレゼンテーションの作成は、必ずしも簡単にできるものではありません。受け取る側は、特定のフォーマットで作ることを期待しているのでしょうか？　もしそうだとしたら、誰に連絡してひな型やサンプルを入手しますか？　決められたフォーマットがない場合、どのような形式でどのような内容のレポートになるか確認するのに誰に連絡すればよいでしょうか？　データ以外にどのような情報が必要で、それを得るために誰に連絡を取ればいいのでしょうか？

優先順位の決め方

　効率的な計画を立てるには、時間と労力の優先順位をどのようにつけられるかという能力に依存します。職場での要求される仕事は常に変化していくので、社員たちは重要なことに優先順位をつけ、その仕事を最初に完了させられるようになる必要があります。読者の皆さんは「80/20ルール」という言葉を聞いたことがあると思います。「20％の活動が80％の成功をもたらす」というものです。「20％」に該当する仕事を見極めるには、利用可能な時間と情報だけではなく、部署の目標という文脈の中で、

自分がやるべき仕事を一歩下がった位置から、見極める必要があります。

　後の事例 8.2 で説明しますが、自閉症社員は細部を重視するため、「全体像」を把握できません。その結果、自閉症社員は、仕事を分析し、何をすべきかを詳細に説明するのは得意でも、最も重要なステップが何かを特定するのは難しいかもしれません。なぜなら、どのステップも同じように重要だと考えているからです。また、その仕事それぞれを完成させる順番が、その仕事が他の人と共有される場合は特に仕事の他の側面に影響を与えるかもしれないことを認識していないかもしれません。一方で、自閉症社員は、優先順位を決めるかもしれませんが、重要度の低い項目を遂行することができなかったり、仕事の日常的な側面に注意を払うことができなかったりします。

　行わなければならない To Do リストを与えられたとき、自閉症社員は仕事の相対的な重要性を認識せず、リスト通りに仕事を順番にこなしていくことがあります。

　　　「私はいつも、その日やその週の自分の仕事をリストにして書き
　　　出していました。そして、それらの仕事に優先順位をつけて、上司
　　　に『これは最優先事項ですか』と尋ねたものでした……そうでなけ
　　　れば、問題が何であるかにかかわらず、受け取った順に仕事をして
　　　いたからです」

　仕事やその手順がなぜ重要なのかを自閉症社員に説明することで、優先順位をつけたり、仕事を軌道に乗らせたりすることができるようになります。しかしながら、自閉症社員は、ルールを厳格に守る傾向があり、優先順位が変わったからといって調整することに抵抗を感じることがあります。優先順位の高い仕事をする時間がないときに、重要度の低い仕事を先に片付けるように言われると、自閉症社員は混乱してしまうかもしれません。

　自閉症社員と優先順位を決める際には、あることが他のことよりも重要かどうかを決めるために、次のような一連の「小さな確認」をしてみましょう。

・依存：ある仕事は他の仕事の完成に依存していませんか？

・時間：ある仕事の期限が他の仕事よりも早かったり、誰かにすぐにやってほしいと頼まれたりしていませんか？

・人：誰がその仕事を要求していますか？

　仕事を割り当てる人が組織内で異なる階層にいる場合、上司は社員が誰の要求を最初に満たすのかを決定する必要があります。

開　始

　しかしながら、計画を立てたり、優先順位をつけたりするためには、まず仕事を「開始」することが必要です。これは、「仕事開始」という実行機能によって管理されます。私たちは、やりたくないことに取り組むのにわざと遅らせることもありますが、ほとんどの人にとって、どのように仕事を開始するかは本能的にわかっています。たとえば、確定申告の時期になると、多くの人はまず、損益計算書や経費の領収書をすべて集めて分類することから始めます。しかしながら、自閉症者は、現行の税法のニュアンスを理解したり費用のカテゴリー別に膨大なリストを作成したりする必要があると感じているため、すぐに圧倒されてしまい、むしろ簡単に完了する最初のステップを回避してしまうかもしれません。

　「組織化」と「プランニング」には、何かが計画通りに進まなかったときに、どのように調整するかが含まれます。もし、自閉症社員が常に仕事に遅刻するのなら、それは起床する、ドアを出て歩くといった、（本人がこなさなければならない）一連の活動がうまくつながっていない可能性があります。また、仕事の途中で調整が必要になった場合に、自閉症社員は、その仕事を開始したり、やり直すことが難しい場合もあります。食べ物が急になくなったり、天候が変化したり、交通機関が乱れたりなど、予期せぬことが生じると、どうやって回避すればいいのかわからず、パターン化された活動を柔軟に変化させることができないことがあります。

　自閉症社員は一般的に非常に粘り強く、目標、一連の手順、必要な情報が明確であれば、仕事をきちんとやり遂げることができます。

「組織化」ができていない自閉症社員に対しては
どのように支援をすればいいのでしょうか？

　ほとんどの自閉症社員は、構造化されている環境であれば効果的に働くことができますが、自分で構造化することは必ずしも得意ではないことを覚えておくとよいでしょう。一般に次のようなことがいわれています。

- ・とりわけ口頭の言葉によって複数の指示を覚えるのが難しい自閉症社員にとっては、紙に書かれた To Do リストは、次に何をすべきかということを推測しないでいいので、継続的な仕事を把握するための効果的な手段となります。
- ・必要に応じて、部署の仕事に精通した同僚（上司）を配置し、自閉症社員が毎日や毎週の「To Do リスト」を作成できるようにします。
- ・自閉症社員は、1 日の仕事の始まりに数分だけ上司に確認してもらいます。それは、その日に行う仕事に優先順位をつけてもらったり、すぐにやらなければならない業務や数日間にまたがって行う仕事のために時間を捻出してもらったりするためです。

　仕事に遅刻することが多い自閉症社員の場合は、悪天候や別のバスルートなど、一連の流れに影響を与えるものを考慮して、朝の毎日の活動の計画を立てる手助けが必要かもしれません。

　仕事の計画を立てるには、仕事全体を小さな作業単位に分けて考える必要があるため、可能な限り具体例や完成品としての模範例を提示します。完了した仕事や目標から逆算して、その仕事を完了させるために必要なステップをリストアップさせます。そして、すべてのステップがきちんと仕事の範囲内に収まっているかどうかを自閉症社員と一緒に確認します。ステップの優先順位を決め、それぞれに分けられた作業を作るのを援助します（図 8.2 参照）。

　自閉症社員が優先順位をつけるためのもう一つの方法は、「依存」「時間」または「人」に関するものです。

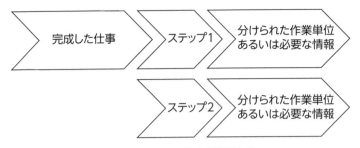

図 8.2　逆算して仕事を計画する

・ある仕事が、追加の情報や他の仕事の完成に依存している場合は、その仕事を先に行います。
・依存していない場合は、時間枠を見て、ある仕事の期限がすぐなのかどうか、他の仕事よりも早く行う必要があるのかどうかを判断します。
・複数の人が自閉症社員に仕事を依頼している場合、誰の依頼を先にこなすべきかを明示します。

　自閉症社員には、仕事のペアを作り、優先順位のより高い方にチェックマークをつけるように指示することで、優先順位の付け方を学ぶことができます。また、毎週の給与計算を処理するなど、常に優先しなければならない仕事のルールを作ることもできます。

　仕事を割り当てる際には、必ず（優先順位などを）理解しているかどうかを確認しましょう。自閉症社員に、「まず何をするつもりか」を聞くのではなく、「何が最も重要なことか」「どのような情報が必要か」「どのような順序で進めていくか」を尋ねるようにします。

　社員が仕事に手を付けられない場合は、「どうやって仕事を始めればいいのか」「何から仕事を始めればいいのか」がわからないことがあるので、「○○○の仕事から始めましょう」など、直接的な提案をした方がいい場合もあるでしょう。事前に優先順位をつけた詳細なリストがあれば、自閉症社員が次に行う仕事を把握するのに役立ちます。しかし、もし自閉症社

員が急に仕事を始める必要がある場合は、優先順位が低くても簡単にできる仕事から始めるよう勧めましょう。

関連する章

- 事例 8.2
- 第 9 章　時間管理

事例 8.2　要点だけを教えてくれ！

冬至期の降雪100%の319本の針葉樹

この事例に含まれるトピック

・「全体像」を見失う
・細部にこだわりすぎる
・簡単で直接的な説明ができない

このような場面に遭遇したことはありませんか？

・チームメンバーに、仕事の状況を簡単に報告するメールを送ってもらうようにしました。ある社員が7ページのメモを送ってきました。あなたは「要点だけを教えてくれ！」と思います。
・ある同僚に仕事の進捗状況を尋ねました。「わかりやすくポイン

トを説明してくれ」と頼んだところ、彼は過剰に細部まで説明を
始めました。

・質問すると、ある社員は自分の考えをすべて伝えようとします。

根本的な問題は何なのでしょうか？

全体像

第Ⅱ部で述べたように、自閉症者の神経学的構造は、「心の理論」（他人
の視点で物事を考える能力）など、定型発達者とは根本的に異なる考え方を
します。人の認知スタイルは、大量の詳細な情報から「全体像」を把握す
るなど、当人が好む思考、記憶、問題解決方法を反映します。これは、詳
細な情報を必要とせずに自然に大意を把握する（「木ではなく森を見る」）
ことができるため、効果的な情報処理方法です。その上で、必要に応じて
細部を補いながら、全体像に合わせて「トップダウン」で仕事を進めてい
きます。

ビジネスの世界では、大局的に物事を考え、大きな目標を描くことに長
けている人を「戦略的思考者」「先見の明がある者」と呼び、計画を実現
するために細部を実行することに長けている人を「戦術的思考者」と呼び

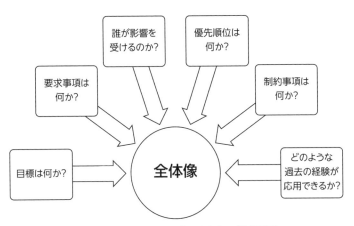

図8.3　仕事における「全体像」の構成要素

ます。しかし、ほとんどの人は、それぞれのタイプの考え方を持っており、必要に応じて切り替えることができます。

　職場では、「全体像」を把握することで、認識や経験を効率的に組織化し、計画や優先順位づけを行うことができます。このことによって、現在のデータや事前の知識など、複数の情報源を統合しながら、状況の関連する側面を織り込んでいくことができます（図8.3参照）。

　仕事をうまく成功させるためには、まず目標の「全体像」を把握し、それを念頭に置きながら、関連するすべての作業を組織化し、優先順位をつける必要があります。いったんロードマップを作成した後は、仕事を成し遂げるために細部に焦点を当てていきます。

細部に焦点を当てる

　自閉症者は、主に細部に注目する傾向があり、点と点を結びつけること（事実や断片的な情報を文脈の中で処理するなど）が困難です。たとえば、登場人物の名前をすべて暗唱し、映画の台詞をすべて言うことはできても、あらすじを説明することはできないでしょう。「中枢性統合」というのは、複数の情報源から得た情報を統一的にまとめ上げる能力を指す認知様式で、研究者はこの点が自閉症者の弱みの重要な部分であると指摘しています[44]。

　「中枢性統合」能力は、私たちが自発的に細部と全体の両方に注目することを可能にします。第6章では、顔の構成要素と特定の人物のイメージを結びつける際に「全体像」の把握が顔認識にいかに役立つかを説明しました。加えて、顔の表情、声のトーン、ボディランゲージ、話し言葉を統合することから我々がいかにある人物が何を考え感じているかについて統一された印象をつくり出しているかも説明しました。「全体像」を把握することで、皮肉を見抜いたり、ある状況での社会的ルールを類似した他の状況に適用したりすることが可能になります。

　　「自閉症者らしくどんな些細なことにもこだわるのが好きだね」

　自閉症者は、全体を見ることは可能ですが、全体のイメージが摑めるま
でそれぞれの要素を組み合わせるやり方で細かい部分を「ボトムアップ」
で処理する傾向があるため、時間がかかるかもしれません。たとえば、ジ
グソーパズルを作る場合、多くの人はまず箱に描かれた絵（何を作るかの
全体像）を参照し、次に枠を組み立てますが、これは枠のピースが一般的
に最も認識しやすいからです。しかしながら、自閉症者は、ジグソーパズ
ルを完成させるために絵の文脈に頼る必要はないかもしれません。その代
わり、ピースAがピースBに合うか、そしてAとBを合わせたものがピー
スCに、というように、それぞれのピースがどのように関連しているかを
分析するのです。絵のピースを積み上げていくと、やがて全体の概念が見
えてきます。このような考え方は、相互に関連する要素を持つ過程、手順、
コンピューターコードを分析する際に有効です。

　自閉症者は、全体像と細かい部分の両方に同時に注目することが難しい
ため、計画性や優先順位づけといった能力に影響を受けるかもしれません。
また、仕事や問題解決に取り組む際、同時に複数の情報源からの情報を処
理しようとすると圧倒されてしまい、視野が狭くなり、明らかな要因や懸
念を見落としてしまうことがあります。チームで仕事をしているとき、自
閉症社員は自分の個別の役割は十分に理解しているかもしれませんが、
チームのより広い実施計画の中で、自分がどのように位置づけられるかを
理解するのに苦労するかもしれません。

　自閉症者は、「ボトムアップ」で物事を考える傾向があり、事実や詳細
な事柄からパターンを見つけ関連性を見出す能力に優れているため、それ
がやがて、何に取り組んでいるとしても「俯瞰する」ことにつながります。
自閉症社員にとっては、すべての細部が全体に不可欠であり、複数の分野
にまたがる事実やアイデアを関連付ける能力が創造的で意味のある洞察を
もたらします。世界的に有名な自閉症の代弁者であるテンプル・グラン
ディン氏は、「私が問題を解決するとき、それはトップダウンで理論に基
づいたものではありません。むしろ、すべての小さなピースがどのように
組み合わされて全体像を完成させるのかを見ているのです」と述べていま
す[45]。

　一般の人とは異なり、自閉症者は、詳細を処理するための枠組みや文脈に依存する必要がありません。そのため、慣習や仮定に左右されることが少なく、校正者、エラーチェッカー、問題解決者として優れています。また、データ分析や、技術、手順、プログラミングを駆使する仕事にも優れています。

　　「私たちが持っている素晴らしい能力の一つは、物事を観察して、『これは本当に精密だ、これは素晴らしい技術だ、これは素晴らしい働きをする』とか、『これは本当に欠陥がある、ここから10個のものを取り除いても、それほど時間を無駄にせずに同じ効果が得られる』のように言える能力だと思います」

　自閉症社員は、時間をかければ自分の範囲を広げることが可能です。しかし、同僚上司が「これは次の点で重要です」と文脈を提供したり、「この四半期の数字を分析する際には、○○○といった点を考慮してください」と指示したりする必要があります。細部まで気を配り他の人が見落としていることを察知する能力は、多くの領域で貴重な財産であることを覚えておいてください。

過剰な情報提供

　職場では、会議の要約、仕事のプロセスの説明、電子メールへの返信など、シンプルなコミュニケーションが重要です。自閉症社員に対するよくある不満は、詳細な情報を提供しすぎて、メールや要約が何ページにもわたって続いたり、「過度に詳細な説明」をしたり、簡単な質問にとりとめのない答えをしたりすることです。これらの行動は、いずれも「全体像」を見失っていることに関連していますが、その対処法には違いがあります。

　　「『簡潔に』というのは『簡潔にしなさい』という評価の中にあった単語です」

　要約、あるいは主要な側面の抽出は、前節で説明したように、「優先順位づけ」という実行機能によって管理されています。それには、（たとえば、メールを読んだり、発表を聞いたりする時間をどれだけ確保できるかといった）「時間概念」と同じように、関連性のある細部とそうでない細部を区別する能力が必要です。しかしながら、自閉症社員は、すべての詳細が重要であると感じており、一部を省略することに抵抗があったり、要約を求められたときに重要なポイントを省略したりすることがあります。

　たとえば、一人 2 分の持ち時間で仕事の最新情報を発表する社員会議で、ある社員は 10 分かけて発表しました。会議が終わった後、今後は一つ 2 分以内で五つの箇条書きにするようにと伝えました。次の会議では、2 分間で話すことはできましたが、重要な情報はすべて省略されていました。より効果的な方法は、自閉症社員と 1 対 1 で向き合い、伝えたい最も重要な情報と、それを限られた時間内にどのように提示するかを考えてもらうことです。

　自閉症の認知世界は、より複雑な精神モデルの一部である、相互に関連した事実と詳細で構成されています。そのため、自閉症社員が簡潔で直接的な説明をすることは困難です。なぜなら、彼らの頭の中には多くの偶発性があるかもしれず、詳細を省略することは、解決策の一部を無視することに等しいからです。もし、自閉症社員が、技術系の領域で仕事をしている場合は、どの程度の詳細さが適切なのか、どの程度の正確さがあれば十分なのかを理解することも問題となります。

　　「私は常に技術的な側面の細部を意識していました。そんなときは、『ゆっくりやればいいんですよ』とか『もう止めていいんですよ』と言ってもらいました」

　これは一部、「心の理論」に起因するもので、聞き手や受け手の立場に立って、どれだけの情報を必要としているかを考えないことが一因と考えられます。雇用主であるあなたが期待する説明の長さと詳細のレベルを明確にすることで、自閉症社員がその範囲内に収めることができるようにな

るでしょう。同様に、自閉症社員がそのような多くの能力を所有していない場合に明確な回答をするのは難しいかもしれません。そのため、どのような回答が必要かを説明し、心配な事項があれば（口頭ではなく）紙に書かせて表出する機会を与えてください。

　定型発達の人たちは、何か質問されたとき、概略的な答えから始めて、その後に詳細を述べるといった答えをすることが多いと思われます。情報に優先順位をつけたりまとめたりして概略的な答えにすることは、自閉症社員にとってはすぐ行うことは難しいかもしれません。なぜなら、答えをまとめる前に、まず関連する内容の詳細を処理する必要があるからです。たとえば、自閉症社員に「今日中にこの仕事を終わらせることができると思いますか？」と尋ねると、彼はその質問を処理するために自分のスケジュールをすべて確認しながら声に出して考えるかもしれないので、答えにたどり着くまでに少し余裕を持たせる必要があります。

全体像を把握することが難しい自閉症社員にどう対処すればいいのでしょうか？

　おそらく最も効果的な対処法は、定型発達の人は直感的に「点と点をつなげる」、つまり文脈を認識できるのですが、自閉症社員はそうではないということを理解することです。でも次のことを覚えておいてください。自閉症者は細部に注目したがることがありますが、指導を受ければ「全体像」を把握できるようになります。ただし、少し時間がかかったり、念を押したりする必要があるのです。行うべき仕事の目標、要件、制限事項など、仕事の要素を明確に示すことで、要求された仕事をその順序に沿って形作ることができます。

　可能な限り、次のような文脈を提供しましょう。

　　・「これは次の理由で大切なのです」
　　・「私は"Yes"か"No"を知りたいのです」
　　・「今年だけでなく、昨年も考慮に入れて分析する必要があります」

　自閉症社員には、自分が提供する情報量を制限することは難しいかもしれません。しかしながら、「今のは情報が多すぎるので、もっと少なくしてください」と言っただけでは、自閉症社員は「できません、すべてが重要です」と答える可能性が高いでしょう。雇用主であるあなたはその自閉症社員とじっくり話し合い、どの情報が重要だと思ったのか、そしてそれはなぜかという理由を説明する必要があります。書かれた文書を要約する際には、最も重要なポイントをある色で強調し、次に重要なポイントを別の色で強調することで、自閉症社員はどの情報を最初に取り上げるべきかを視覚的に把握することができます。

　可能な限り、時間の文脈を提供します（例：他の人たちがメールを読んだり、発表を聞いたりするのに、どれだけの時間を割けるかなど）。自閉症社員が口頭で発表するときに、あまりにも詳細に説明しすぎる場合は、時間制限を設けます。「全体像」を把握しつつ、重要な要素に優先順位をつけて、時間に合わせて情報量や詳細度を絞ることができるように、彼と一緒に考えてみましょう。自閉症社員は、自分が関連していると考える資料を省略することに不安を覚えるかもしれません。常にその不安を認めた上で、それを紙に書くように提案してください。

　もし、自閉症社員が会議の議事録や報告書を担当する場合は、どの程度の情報を盛り込むべきか例を示した上で、最も重要と思われるポイントをリストアップしてもらうようにしましょう。（自閉症社員と）一緒にリストを見て、どの情報が排除できるか、そしてそれがなぜかを説明しましょう。

　「仕事の最新情報を送るときは、最も重要な五つのポイントを箇条書きにします」など、メールの長さやフォーマットについてのルールを決めておくと、自閉症社員がより簡潔に理解できます。進捗確認や会議の際に自閉症社員が情報を伝えやすくするために、次のような指示をしてみましょう。

　　　・「最も重要な三つのポイントを教えてください」
　　　・「5 分以内で何を教えてくれますか？」
　　　・「要約したものを教えてください」

・「私がとるべき最も重要な次の段階は何ですか？」

　自閉症社員には、評価や判断を伴う回答を素早く行うのは難しいかもしれません。なぜなら、回答をまとめる前に、関連する詳細情報を確認する必要があるからです。複雑な質問でなければ、「声に出して」考える必要があるかもしれませんので、少し時間を与えましょう。しかしながら、優先順位や手順を考える必要がある場合は、自閉症社員に、回答を書面で送ってもらうか、回答をまとめる時間ができた段階で、一定期間内に戻してもらうように依頼します。

　自閉症社員の細部にこだわる思考は、社内に利益をもたらしますが、彼の個人的な作業が他の社員たちとどのように調整されるかについて、説明が必要な場合があります。自閉症社員の仕事が目標に沿っているか、関連する詳細に集中しているかを確認するために、彼をチェックする同僚（あるいは上司）を配置します。

　可能な限り、自閉症社員の細部に集中して戦術的に考える能力を、より戦略的な「全体像」を必要とする仕事に生かせるような機会を探します。

関連する章

　・第 6 章　人とのかかわり

組織化：合理的配慮のまとめ

　実行機能とは、自分の考えや行動を管理・制御するための認知的過程を指す言葉です。実行機能スキルは、IQ（知能指数）とは直接関係なく、持っている知能をいかにうまく使うかということに関係しています。組織化し、計画し、優先順位をつけ、開始し、仕事間を移行する能力は、実行機能の能力に左右されます。

　「組織化」とは、リバースエンジニアリング（機械を分解してその構造を明らかにすることなど）のようなもので、目標や仕事を思い浮かべながら、

その構成要素を分析していきます。「組織化」が苦手な人、時間管理が苦手な人は、仕事の始め方、分割の仕方、優先順位の付け方などがわからないことがあります。「組織化」の課題は、個人によって異なります。自閉症社員は、仕事を達成するための手順を決定するのは得意でも、どれが最も重要なのかを判断するのは難しいかもしれません。別の社員は、優先順位をつけることには長けていても、プロジェクトのあまり重要でない側面については最後までやり通さないかもしれません。

　「プランニング」と「優先順位づけ」という実行機能は、どこに注意を向けるべきか、どのような手順を踏むべきか、重要度の順番も含めて判断することを伴うので、職場における「組織化」能力の中核をなすものです。仕事における「プランニング」は、目標（全体像）を念頭に置きながら、仕事を管理しやすい部分に細かく分けていくことです。

　自閉症者の認知世界は、より複雑な精神モデルの一部である、相互に関連した事実と詳細で構成されています。そのため、自閉症社員が簡単な説明や直接的な説明をすることは困難です。なぜなら、自閉症社員の頭の中には多くの偶発性があり、詳細を省略することは、解決策の一部を無視することに等しいからです。しかしながら、自閉症者は一般的に非常に粘り強く、目標、一連の手順、必要なリソースが明確であれば、仕事をやり遂げることができます。

　「組織化」の領域における実行機能に問題を抱えているため、自閉症社員は以下の分野で困難を示す可能性があります。

・プランニング

・優先順位づけ

・仕事の開始

・「全体像」の把握

・過剰な情報提供

自閉症者は、定型発達の人とは異なる方法で情報を処理し、組織化します。多くの人たちには論理的な仕事の進行に見えても、自閉症者に

はそうは見えないのです。このような異なる視点を持つことによって、自閉症者は問題解決のために新しい創造的なアプローチをとることができるのです。

自閉症社員は異なったやり方で情報の整理、組織化を行うので、仕事の計画や優先順位を決める過程にも異なる取り組みが必要になることがあります。

・1日の始まりに、その社員と一緒に、どのような仕事を最初に行うか、どのくらいの時間を確保するかを強調しながら、その日の予定を確認します。
・その部署の仕事に精通した同僚（上司）を任命して、その人が毎日、毎週の「行うべき To Do リスト」を作成し、自閉症社員の仕事が軌道に乗るように指導します。
・完了した仕事や目標から逆算して、仕事を完了させるために必要な段階をリストアップさせます。そして、すべての段階が範囲内にあるかどうかを自閉症社員と一緒に確認します。
・可能な限り、期待される仕事の結果の事例や完成例を提供します。
・もし、自閉症社員が仕事に遅れがちな場合、悪天候や別のバスルートなど、一連の流れに影響するものを考慮した朝の日課の計画を立てましょう。

優先順位づけについては、

・作業や手順がなぜ重要なのかを説明し、自閉症社員が優先順位をつけて軌道に乗ることを学べるようにします。
・あることが他のことよりも重要であるかどうかを判断するために、一連の「ミニ決断」を自閉症社員に与えます。
・仕事を割り当てる人が会社内のさまざまな階層にいる場合、上司は、自閉症社員が誰の要求を最初に満たすかを決める必要があり

ます。

・1 日の始まりに数分間、自閉症社員と仕事の予定表を確認して、優先順位をつけたり、喫緊の仕事のために時間を確保したり、複数の日にまたがる仕事の時間割を作ったりします。
・仕事を割り当てる際には、必ず理解度を確認します。まず何をするつもりかだけを聞くのではなく、何が最も重要なのか、何の情報が必要なのか、どのような順序で進めるのかを聞きます。

仕事の開始については、

・「まず、○○○から仕事を始めましょう」など、直接的な提案をします。
・前もって優先順位をつけておいた詳細なリストを提供します。
・優先順位が低くても、取りかかりやすい仕事から始めることを提案します。

　自閉症者は、一般的に細部に注目する傾向があり、「全体像」を把握することが難しいといわれています。構造化し、文脈を提供することで、彼らは自分の仕事をより広い仕事に統合することができます。

・目標、要件、制限事項など、仕事の要素を提示し、それに沿って依頼された仕事を形にしていきます。
・自閉症社員の個別の仕事が、他の社員とどのように調整されるかを説明します。
・同僚上司を任命してチェックさせ、自閉症社員の仕事が目標通りに進んでいるか、関連する詳細な仕事に集中できているかを確認します。
・より戦略的な「全体像」的視点を必要とする仕事がうまくいくように、自閉症社員が細部に集中して戦術的に考える能力を生かせるような機会を探します。

過剰な情報提供については、

・自閉症社員の隣に座り、どの情報が重要だと思うのか、そしてそれはなぜかを説明します。
・(会議の議事録など) 繰り返される仕事の場合、どの程度の情報を盛り込むべきか、例を示してください。
・仕事の情報の中で最も重要なポイントを一つの色を使って強調し、次に重要なポイントを別の色で強調することで、どの問題に最初に取り組むべきかを従業員が視覚的に理解できるようにします。
・「時間」の文脈を提供します（例：メールを読んだり、発表を聞いたりするのに同僚上司がどれだけの時間を割けるか）。
・電子メールや発表の長さや形式についてのルールを設けます。
・自閉症社員が関連性があると思われる資料を省略することに不安を感じている場合には、常にその懸念を認め、次にそれを書面で記録するよう提案します。

9 時間管理

　時間は、私たちが直感的に理解できる概念です。しかし、時間の捉え方は相対的なものです。私たちは１秒を短い時間だと思っていますが、オリンピックのスピードスケート選手にとっては、レースのタイムを１秒縮めることは大変なことです。

　時間管理は「実行機能」の問題です。なぜなら、時間をどのように組織化し、時間の経過をどのように理解するかにかかわるからです。何かに夢中になっていると時間がどんどん過ぎていき、何かに退屈したり興味がないと時間が止まってしまうことに気づいたことがあるでしょう。また、短時間で多くの仕事をこなす必要があるのか、一つの仕事を長時間続ける必要があるのかによっても、時間管理の方法は変わってきます。自閉症者は、仕事を完了するために必要な時間を推測する能力が低いことが多く、作業をしているときに時間の経過に気づかないことがあります。

　時間管理の問題の多くは、他の「実行機能」と相互に関連しています。たとえば、仕事を開始する方法と停止するタイミングを知って、ギアを切り替えて別の仕事に移行する能力、自分の仕事の遂行結果をチェックして評価する能力などが挙げられます。時間管理に影響を与えるその他の認知的要因としては、図 9.1 に示すように、時間に対する意識、集中力、処理速度などがあります。

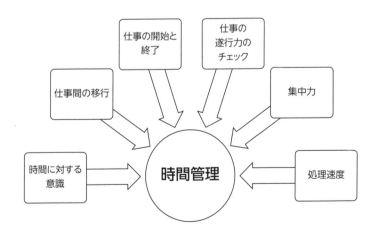

図 9.1　時間管理の要因

　デジタルカレンダー、スマートフォンのタイマー、Ｅメールのリマインダーなどのテクノロジーは、時間管理を改善してくれます。しかし、自閉症社員にとって、職場での時間管理の方法を知ることは、困難なことかもしれません。この章では、時間に対する意識、仕事間の移行、集中力、多重の仕事など、職場でよく見られる時間管理の問題を取り上げます。

　<u>肯定的な側面</u>

　　・自閉症社員の多くは、気が散らずに長時間作業に集中することが
　　　できます。品質と正確さにこだわり、強い労働意欲を持っていま
　　　す。
　　・自閉症社員のための多くの時間管理の課題に対処するための技術
　　　は、すべての社員に利益をもたらし、生産性を向上させます。

　この章をお読みになる際には、すべての自閉症社員が、説明したすべての行動を示すわけではないことを覚えておいてください。それぞれの自閉症者は異なっており、自閉症に関連する課題はその人に固有のものです。

事例 9.1　彼は時間通りに終わらせたことがない！

この事例に含まれるトピック

・時間が経つのを忘れてしまう

・先延ばしにしがちで、締め切りに間に合わないことが多い

・簡単な作業に膨大な時間がかかる

・他の人とは違うペースで学習する

・素早くギアチェンジができない

このような場面に遭遇したことはありませんか？

・ある社員にレポートをまとめるように言うと、必ず延長を要求さ

れます。そして、「彼は時間通りに終わらせたことがない！」と
あなたは思います。

・チームの進捗報告では、ある社員の作業がいつも遅れています。
・会議が予定通りの時間に始まらないと、イライラする社員がいま
す。

根本的な問題は何なのでしょうか？
時間に関する意識

　職場で求められるものは常に変化しています。効果的な時間管理とは、
仕事にかかる時間を正確に予測し、1日の中でどのように時間を分割して
締め切りに間に合わせるかを決めることです。スマートフォンやパソコン
の電子手帳は、予定の管理や仕事の予定を立てる際に役立ちますが、自分
のスケジュールをどのように埋めるかは、各社員の判断に委ねられていま
す。自閉症社員の中には、「組織化」が得意で、締め切りを守るのに苦労
しない人もいれば、時間の経過を正確に感じ取る体内時計がないため、ス
ケジュール管理に苦労する人もいます。たとえば、1時間以内で仕事をや
るように頼まれても、どのくらい素早く仕事をしなければならないのかや、
その時間が妥当なのかがわからないことがあります。

　締め切りは、きちんと決まっているものもあれば、おおよその目安であ
るものもあります。会議も時間通りに開始されることもあれば、遅れて開
始されることもあります。多くの社員は午後5時に仕事を終えますが、
締め切りに追われる管理職はもっと遅くまで仕事をしています。一般に自
閉症者は、時間を絶対視します。時間を守る傾向があり、会議が正確な時
間に始まると思い込み、そうでないと不安になります。同様に、職場の他
の社員が締め切りが決まっている仕事を完了するために残業する必要があ
ると感じている場合であっても、自閉症社員は通常の退社時間に退社しよ
うと考えているかもしれません。

　「時間の文脈」は計画を立てる上で重要な要素となります。なぜなら、
仕事をするのに必要な時間は、利用可能な時間内に収まらなければならな

いためです。自閉症社員に仕事を任せるときは、「木曜の午後3時までに」というように、具体的な期限や時間枠を伝えるのが、「週の終わりまで」に比べて混乱が少なくなるでしょう。自閉症社員は、どのくらいの時間を確保すればいいのか、また、その仕事の優先順位を教えてもらうことで、自分のスケジュールに合わせることができます。

先延ばし

　人は誰でも、やりたくないことを後回しにしがちです。一般に自閉症社員は仕事熱心で、仕事をうまくこなそうとしますが、しばしば締め切りに間に合わないことがあります。これは一見先延ばししているように見えるかもしれませんが、どこから手をつければいいのかわからないかもしれないのです。たとえば、前章で説明した「仕事の開始」「プランニング」「優先順位をつける」といった実行機能の問題です。職場での気を散らされるさまざまな刺激も要因の一つと考えられます。自閉症社員は「一時停止ボタン」を持っていないため、作業が中断されると最初からやり直す必要があります。

　一方で、自閉症社員の中には、週の初めに出された仕事を完成させたいと思うあまり、スピードを上げて仕事をし、完成するまで残業をして、週の残りは何もすることがないという人もいます。

> 「私は時間管理が非常に苦手なので、他の人のように物事を先延ばしにするのではなく、何事もできるだけ早く終わらせようとします」

「単純」な作業

　「時間管理」のもう一つの側面は、時間内にどれだけの課題をこなせるかということで、与えられた仕事の範囲や深さは時間枠によって変わります。たとえば、数時間後に行われる進捗報告は、数週間後に提出される正式な書面による報告書よりも情報量が少なくなります。ほとんどの自閉症社員は、自分の仕事が高いレベルの品質であることを望むので、必要以上

の時間と労力をかけて仕事をすることがあります。完璧主義で細部にまで
気を配るため、単純な作業であっても完了するまでに過剰な時間がかかる
ことがあります。このことは、自閉症社員が要求された仕事の「文脈」を
理解していないことに関連しています。1 時間以内で終わらせる作業であ
れば、その時間内に何をするのか（範囲）と、どの程度の詳細さ（深さ）
を期待するのかを明示します。

　自分にとっては「単純」な作業でも、自閉症社員にとってはそうではな
いということを覚えておいてください。どんな仕事でも、入力（要求され
た仕事そのもの）、過程（仕事をどのように解釈したか）、出力（仕事の形式や
内容）を包含しており、自閉症社員がこれらのどれをも明確にしていない
と、行き詰まってしまうことがあります。

処理速度と学習

　処理速度は、それ自体は実行機能ではなく、また知能とも関連していま
せん。しかし、処理速度は、会話の前後の流れについていくなど、情報を
素早く整理する能力に影響します。処理速度を調整することで、その関係
する重要度や時間枠に基づいて、仕事を実行する際に早く行うべきかゆっ
くりでいいのかといった速度をコントロールすることができるため、時間
管理には重要な要素になります。処理速度はさまざまな要因によって影響
を受けます。私たちは誰でも、感情的に苦しんでいるときに認知機能が
「スローモーション」になったような感覚を覚えたり、何かをぎりぎりま
で先延ばしにしていたときに猛ダッシュしたりした経験があります。

　処理速度の遅い自閉症社員は、集中しているように見えても、あまり作
業が進んでいないことがあります。「一度に多くの情報に圧倒される」「判
断や回答に時間がかかる」「同時に複数の要求をされると指示を実行でき
ない」などが、情報処理能力を低下させる要因となります。一方、処理速
度はその人の知識ベースや経験に影響され、自閉症社員の中には、コン
ピューターコードや図形、技術的な日付など、ある種の非言語情報は同僚
よりも早く処理できる人がいる可能性があります。

　自閉症社員は、簡単な作業を開始したり、あるいは完了したり、要求に

応えたりするのに時間がかかって、やる気がない、怠け者だと思われてしまうことがあります。前述したように、私たちは実行機能を使って、仕事を仕上げるために最初に何をすべきか、次に何をすべきか、などという手引きになる頭の中の計画表を作成します。実行機能は、効率的に働くために処理速度に依存しているため、情報の処理速度が遅い自閉症社員は、資料や考えを組織化したり、優先順位を決めたり、適切なタイミングで仕事を始めたりすることができない可能性があるのです。たとえば、会議の議事録をまとめ回覧することを任されたある営業管理者は、議事録に何を記載するか、誰が受け取るべきかなどの判断に迷うので、予想以上に時間がかかってしまいます。

　　　「私は時間管理に問題がありました。なぜなら、仕事のやり方が
　　　自分流だったのに加えて、特に、学習曲線が最初はゆっくり、その
　　　後しばらくしてから急激に上昇するからです」

　情報をどのように処理するかは、学習の速さにも影響します。自閉症者は直接体験して学ぶので、理解するためには何度も繰り返して行う必要があります。彼らは視覚的に物事を考える傾向があり、自分が最も興味を持った細部や個々の部分を分析し、それらがどのように組み合わされているかを確認することで、新しいものを吸収することが多いのです。それらの詳細を、視覚化して実行できるような包括的な概念に統合するには時間がかかるかもしれません。しかし、いったんそれが理解できれば、彼らの理解は高いレベルに達し、非常に効率的に仕事を進めることができるでしょう。なぜなら、彼らはすでにさまざまな偶発性、関係性、例外を統合しているからです。

仕事間の移行

　私たちは、仕事の合間に作業それぞれでギアを入れ替えたり、会話をしたり、会議を始めたり、話しかけられたら対応したりと、常に変化のある状況に応じながら仕事をしています。「移行」の実行機能とは、注意の焦

点を切り替えたり、ある考えや作業から別のものに素早く移行したりすることです。たとえば、別の（おそらくは関連性のない）作業をした後にレポートを書くような場合です。

　自閉症社員は、現在行っている仕事に非常に深く集中してしまうため、仕事の移行がうまくいかず、ギアチェンジができなくなることがあります。このような人は、「過集中」（事例 9.2 で説明）と呼ばれる強い注意力を持っている可能性があり、目の前の作業から集中力を引き離し、別のことに集中させるために余計な時間が必要になることがあります。

　たとえば、上司が、自閉症社員にその日の三つの仕事を割り当て、それぞれの仕事に約 2 時間、合計 6 時間かかることを想定したとします。しかしながら、6 時間が経過しても、まだ仕事は完了していません。自閉症社員は決められた 2 時間以内にそれぞれの仕事を完了させることはできますが、仕事と仕事の間に、ある精神状態から別の精神状態に移行するための時間が必要なのです（特に仕事間に関連がない場合は）。仕事間の移行がスムーズにできない自閉症社員は、一つの話題から次の話題に素早く移ることもできないため、話題が変わった後にも同じ話をし続けようとすることがよくあります。

　ある活動から離れて、ギアを切り替えて、別の活動に集中するには、大量のエネルギーと努力が必要です。仕事と仕事の間に休憩を入れて、自閉症社員が一つの仕事から完全に解放されてから次の仕事に取りかかれるようにしましょう。ほんの少しだけでも廊下をちょっと歩くなど、体を動かすことで、自閉症社員が完了した仕事から精神的に離れることができ、次の仕事に取りかかれるようになることもあります。

　締め切りを守ることができない場合、時間管理が難しいという症状を分析し、何が問題なのか自閉症社員からフィードバックをもらうことが解決の鍵となります。たとえば、「この仕事を完了した後、次の仕事に取りかかるまでにどのくらいの時間がかかりましたか？」「ギアを切り替えるのが最も困難な特定の時間帯や仕事の種類はありますか？」など、具体的な質問をしてみましょう。

　　「もしビルが焼け落ちようとしていても、誰かが私に給与計算を
　　するように言ったとしたら、私はビルを出る前に給与計算をするで
　　しょう。なぜなら、それが私の To Do リストにある次の作業だか
　　らです」

　また、職場での仕事の移行には、予期していたことからの逸脱を受け入
れ、必要に応じて計画を変更する柔軟性が必要なものもあります。毎日決
まった仕事や予測可能な仕事は、自閉症社員に構造化と安心感を与えます。
そのため、日々の仕事や環境が変化すると移行の問題が発生することがあ
ります。たとえば、予定されていた活動が中止されたり、スケジュールが
変更されたり、組織化することや手続きの変更、仕事の場所が変わったり
することです。また、自閉症社員は、複数の人から仕事を頼まれると、す
べてを同時にやらなければならないと思い込んだり、優先順位をどのよう
につけたらいいかわからなくなったりして、圧倒されてしまうことがあり
ます。

時間通りに仕事を終わらせられない自閉症社員には
どのように対応すればいいのでしょうか？

　時間管理の方法は、自閉症者に限ったものではありません。コーチング
の分野は当初、この事例で説明した実行機能の問題を解決することで、
人々がより効率的に仕事ができるようにするために、企業内で開発された
ものです。

　時間管理に関して提案されている合理的配慮の多くは、上司や同僚が仕
事を割り当てる際に、より具体的な説明を要求します。一見、手間がかか
るように見えるかもしれませんが、最終的にはこのようなコミュニケー
ションが自然に行われるようになれば、すべての社員にとってメリットが
あります。

　自閉症社員に仕事を任せるとき、「時間の文脈」の中に仕事を置くと、
その仕事にどれだけの時間が必要か、自分の使える時間の中にどうやって
仕事を収めるかを知ることができます。誤解や混乱を避けるために、時間

表9.1　具体的な時間ベースの要求

	曖　昧	具体的
締め切り	週の半ばまでにレポートが必要です。	レポートを水曜日の午後 5 時までに完成させて、私に渡してください。
時間枠	あまり時間はかからないはずです。	1 時間以内に仕事を完成させてください。
範囲と深さ	明日の会議で進捗状況を報告してください。	会議での進捗報告は、2 分以内で、○○と□□と△△の最新情報を簡潔に伝えること。
優先順位	この仕事の締め切りは来月です。	この仕事は、今すぐ取り組まなくてもよいですが、2 週間後には着手して、30 日までには完成させてください。

ベースの要求は、正確な期限や時間枠、割り当てられた時間の中で期待される範囲と深さ、優先順位など、具体的に示す必要があります（表 9.1 参照）。

　メールやスマートフォンは、自閉症社員が時間を管理するための簡単な方法です。たとえば、上司は、自閉症社員が与えられた仕事に遅れないように、メールで念押しをすることができます。自閉症社員が仕事に没頭して時間を忘れてしまう場合は、スマートフォンやパソコンのタイマーやアラーム機能を使って、目の前の作業を終えて次の仕事に取りかかる時間を知ることができます。

　可能な限り、自閉症社員が一つの仕事を完了してから別の仕事に移れるようにします。しかしながら、ある作業に戻る必要があるときは、付箋紙（紙またはコンピューター上の）を使って目印をつけ、次に何をすべきかを思い出すことができます。

　切り替えが難しい社員には、その日 1 日のスケジュールを確認して、心の準備をさせます。自閉症社員は、仕事の内容に切り替えを伴う場合、「30 分後にはまとめて、予定表の次の仕事に移ってください」など、15分または 30 分ごとの声かけが有効になります。基本的には、「その場で」仕事を任せることはしない方がいいのですが、自閉症社員に何か別の仕事をさせる必要がある場合は、それまでやっていたことから解放される時間を与える必要があります。自閉症社員は、その日の他の仕事を終わらせることに不安を感じ、その変化に合わせてスケジュールを調整する手助けが

必要になるかもしれないことを念頭に置いてください。

　自閉症社員が仕事間の移行に対応できるようにするための方法を以下に示します。

- 仕事と仕事の合間に少なくとも 15 分程度の時間を確保し、これまでの仕事に区切りをつけ、次の仕事に向けて精神的に準備する機会を与えます。
- 自閉症社員にタイマーを設定してもらい、他の仕事に移るタイミングをわかるようにします。
- 身体を動かしたり、環境を変えたりすることで、自閉症社員が過集中状態から抜け出すことができます。仕事が終わったり、タイマーが鳴ったりしたら、自閉症社員に立ち上がってもらいます。必要であれば、少し歩いて、以前の仕事から離れて、別の仕事に移る際に精神的な余裕を与えます。
- もし、自閉症社員が複数のチームに所属していたり、複数の人に報告しなければならない場合は、その自閉症社員の仕事の割り当てを調整できる人（上司や同僚）を介して行うようにします。

　上司や同僚は、その他の時間管理の問題を抱える自閉症社員をさまざまな方法で支援することができます。

- 大きな作業を小さな作業に分割し、「To Do リスト」を作成します。そして、それぞれの作業に必要な推定時間を入力します。
- 仕事ごとに、締め切りや作業内容で色分けした壁掛けカレンダーを用意します。
- ある作業や一連の仕事に必要な時間を「推測」する方法を一緒に練習し、合理的な作業ペースを設定します。
- 定期的にミーティングを行い、長期プロジェクトの進捗状況を話し合い、既存の期限がまだ実行可能かどうかを判断します。
- 構造化されていない休憩時間に費やす時間を制限する基準を設定

します。

関連する章

・事例 9.2
・第 8 章　組織化

事例 9.2　彼には複数の仕事を してもらいたいのだが。

僕は複数の仕事をやっていますよ。
だって、3つのパソコンの
モニターを使って
レポートを編集していますから。

この事例に含まれるトピック

・一つのことに集中して取り組む
・並行して複数の仕事ができない
・途中で仕事を中断されると不平を言う

このような場面に遭遇したことはありませんか？

・（雇用主である）あなたがある社員に時間が差し迫っている仕事を
手伝ってほしいと頼んだところ、彼はあなたが朝に割り当てた小
さな仕事をすでにやっているので無理だと言いました。これを聞
いて、あなたは「彼には複数の仕事をしてもらいたいのだが」と
思います。
・週に1回行っている社員会議で、あなたが割り当てた三つの仕事
のうち一つにしか彼が取り組んでいないことに気づきました。

・質問するためにある同僚に少しだけ仕事を中断させると、彼は無
　表情であなたを見つめていました。

根本的な問題は何なのでしょうか？
過集中

　　　「私の集中力は無限です」

　「過集中」とは、非常に深い、集中した、やっている本人が快感を覚え
るような思考のスタイルです。仕事に関連した領域では、「過集中」は優
れた問題解決能力や専門知識となりますが、両方とも職場で高く評価され
ます。自閉症の科学者、作家、芸術家の中には、「過集中」であったから
こそ、それぞれの分野で大きな貢献をした人が数え切れないほどいます。

　　　「アスペルガーの人を部屋に入れて、『ここに問題があります。答
　　　えが必要です。それに取り組んでください』と言えば、その人は必
　　　ず答えを出してくれるはずですよ」

　多くの自閉症者は、狭い分野に強い関心を持ち、非常に詳細な情報や技
術的な情報を大量に調べ、吸収し、取り出す能力があるため、自分を「情
報中毒者」と考えています。しかしながら、過集中は長所でもありますが、
自閉症社員が仕事と仕事の間を素早く移行したり、パターン化された仕事
を変更したり、複数の仕事を同時に行う必要がある場合には、しばしば課
題となります。
　自閉症者は、刺激的でやりがいのある作業に夢中になる傾向があります。
実際、ほとんどの人は、楽しさや集中力、深い関与を感じる活動には「夢
中」になるでしょう。心理学者で研究者のミハイ・チクセントミハイは、
最上の体験をしている状態を「フロー」と呼んでいます。これは、人が自
分の目的のために選んだ活動に夢中になっているときに時間や周囲の世界

を忘れるほど集中している状態です[46]。

　この二つの精神状態は多くの点で類似していますが、「過集中」は、自閉症者が仕事に没頭するあまり、周囲の状況をすべて忘れてしまい、時間管理に問題が生じたり、他の割り当てられた仕事を完了できなくなったりさせる可能性があります。自閉症者は細部にこだわる思考を好むため、仕事に関係のない詳細な情報を追求することに、必要以上の時間を費やしてしまうことがあります。

　雇用主であるあなたは、自閉症社員が「過集中」の能力を生産的に使えるように、彼の専門分野の仕事を割り当てるようにします。自閉症社員によっては、それを他の仕事と交互に行うことや、他の仕事とまとめて作業することを好む場合もあり、そうすることで、より長い時間、途切れることなく作業ができるようになります。

　　「自分の得意なことを中心に仕事のスケジュールを組むことができれば、時間の管理がしやすくなりますよ」

マルチタスク

　やらなければならない仕事が複数の場合、仕事を忘れずに特定の時間内に完了させるために、時間を組織化する必要があります。「マルチタスク」とは、多くの作業を同時に行うことを意味しますが、脳は同時に複数のことに集中することはできません（最近の「運転中のメール送信」に関する法律にも反映されています）。マルチタスクは、実は「連続的な仕事」（一つの仕事から別の仕事へと素早く連続して移行すること）なのです。いっぺんに複数の仕事を片付けるのではなく、ある仕事の一部に短時間集中し、別の仕事の一部に切り替えてから、最初の仕事の次の部分に戻ります。これにより、一つの仕事を同時に行うよりも多くの「移行」が発生します（図9.2参照）。

　多くの職場では、マルチタスクをこなす社員は生産性が高いと思われていますが、仕事を次々と切り替えることで、脳は集中力を高め、ルールのオンとオフを素早く切り替える必要があり、エネルギーを消耗し、全体の

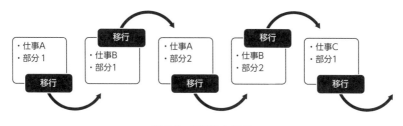

図 9.2　連続的な仕事

パフォーマンスに影響を与えます。スタンフォード大学の研究者が、複数の仕事を切り替えることで自分のパフォーマンスが上がると感じているマルチタスクを頻繁に行う人を調査したところ、一度に一つのことをするのが好きな人に比べてパフォーマンスが低下していることがわかりました。マルチタスクを行う人は、一つの仕事から別の仕事への切り替えが遅く、思考を整理したり、無関係な情報を排除したりするのに苦労しています [47]。

　事例 9.1 で述べたように、自閉症の人は、一つの作業に没頭するあまり、そこから抜け出して別のことに注意を向けるのに、多大な認知的努力が必要となるため、移行に困難を伴うことがあります。複数の仕事（マルチタスク）を求められると、一つの仕事を終えてから別の仕事に取り組む場合よりも多くの切り替えが必要となり、集中力の切り替えに時間がかかるため、生産性が低下する可能性があります。

　　「私にとっては、何かの仕事を手放して別の仕事に移るのは、ま
　　だ（前の仕事のことを）考えているのでとても難しいことなのです」

　自閉症社員は、正確さと品質で優れており、どんな小さな仕事でも一つの作業を終えてから次の作業に移ることができると、最も生産性が高くなります。同時進行をしなければならない仕事を、関連性のある一連の小さな作業にグループ化できるようにすることで、移行の問題や過集中の傾向を減らすことができます。

仕事の中断

　電話や電子メール、急な割り込み会話など、仕事の中断は、仕事間の移行や継続も伴います。なぜなら、現在の仕事の未完了部分を一時的に保留し、その後に、中断した部分から再開しなければならないからです。これには、「ワーキングメモリ」という実行機能がかかわっています。「ワーキングメモリ」は、現在の仕事を記憶しておき、中断してもすぐに戻れるようにするためのものです。「ワーキングメモリ」は短期記憶と連動しており、短期的に保存されている情報を整理したり操作したりするための「記憶領域」として機能します。

　自閉症者は、多くの情報を記憶する傾向があるにもかかわらず、「ワーキングメモリ」が不足している人も少なくありません。自閉症社員は、一時的に中断した作業を続けるのが難しいことがあります。なぜなら、自閉症者には「一時停止」ボタンがないので、中断されると何をしていたのかわからなくなり、最初から作業をやり直す必要があるからです（図9.3参照）。

　ビジネスに関する研究によると、人は中断する前に作業していた内容を再確認するのに2分から15分かかると言われています[48]。そのため、定期的にメールをチェックするだけでも、自閉症社員だけでなく、定型発達の人にも負担がかかります。カリフォルニア大学の「中断に詳しい科学者」であるグロリア・マーク氏によると、中断によって環境の物理的な配

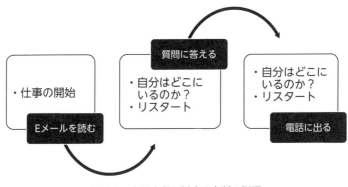

図9.3　自閉症者に対する中断の影響

置が変わることがあるため、中断には「認知的なコスト」がかかります [49]。たとえば、誰かに情報を求められたとき、パソコンの新しいウィンドウを開いたり、手渡された書類を机の上に置いたりする必要があります。自閉症者の場合、物理的な環境の変化により、中断前に行っていた作業を再現することがより難しくなるため、すでに完了した作業に戻ってやり直す必要が出てくるのです。

複数の仕事（マルチタスク）ができない自閉症社員への対処法は？

　今日の職場では、一度に多くの仕事をこなすことが求められています。複数の仕事（マルチタスク）を行うことは思ったほど生産的ではありませんが、多くの社員は仕事をこなすために活動を素早く切り替えています。自閉症社員は、作業中に深くのめりこんだり、過集中したりする傾向があり、他のことを排除して作業をすることが多い傾向があります。一つのことから別のことに意識を移すことは、非常に大きなエネルギーを必要とするため、切り替えの回数を最小限に抑えます。可能な限り、自閉症社員が一つの仕事を完了してから他の仕事に移行できるように、仕事のための十分な時間と移行のための時間を確保します。

　組織化と計画性があれば、複数の仕事をこなすことも容易になります。

- ・量の多い仕事は、個々にできるように、より小さなステップに分解することで、より管理しやすくなります。
- ・壁掛けカレンダーを使って、それぞれの仕事を色分けして時間帯を決めます。
- ・書類入れを使って、個々の作業のメモや書類を別々に収納します。
- ・仕事を続けるために必要なことをメモしてから、別の仕事に切り替えます。

　また、電話がかかってきてもボイスメールで済ませることができるようにし、メールの処理や電話の折り返しなどのための時間を確保することで、仕事の中断を最小限に抑えることができます。自閉症社員が行っている仕

事を中断する必要がある場合は、彼がやっていたことから少し離れる時間を与えます。

関連する章

・事例 9.1
・第 8 章　組織化

時間管理：合理的配慮のまとめ

　時間管理は実行機能の問題です。なぜなら、時間をどのように組織化（整理）し、時間の経過をどのように理解するかにかかわるからです。自閉症者の中には、非常に時間の組織化が得意で、締め切りをきちんと守ることができる人もいれば、スケジュール管理が苦手な人もいます。時間を管理する能力は、仕事を完了するために必要な全体の時間を見積もる能力（プランニング、第 8 章で説明）、ギアを切り替えて別の仕事に移行する能力、仕事に着手する能力（仕事の開始、第 8 章で説明）、仕事を停止するタイミングを知る能力（過集中）、自分の仕事の能力を確認し、評価する能力、そして処理速度によって決まります。

　処理速度は、実行機能でもなければ、知能に関係するものでもありませんが、効果的な時間管理のためには重要な要素となります。処理速度を調整することで、仕事の重要度や時間枠に応じて、仕事を実行する速度を遅くしたり早くしたりすることができます。処理速度が遅いと思われる自閉症社員は次のようなことがありえます。

・一度に多くの情報に圧倒されてしまう
・判断や回答に時間がかかる
・複数の要求が同時に出された場合、指示を実行するのが困難

　自閉症者は、自分にとって刺激的でやりがいを感じる作業には没頭しま

す。この思考様式は「過集中」と呼ばれ、非常に深く、集中した思考を伴い、それを行っている本人にとっては快感です。「過集中」の状態では、ある仕事に没頭するあまり、周りのことに気がつかなくなり、時間管理の問題や、他の仕事への移行や完了に問題が生じることがあります。

　とりわけ、複数の仕事を要求された場合、自閉症者には難しいでしょう。

　最後に、ワーキングメモリの問題から、作業を中断されると、自閉症者はもう一度最初から作業を繰り返す必要があるかもしれません。大量の情報を記憶しているのにもかかわらず、その情報を整理したり、中断された場所を思い出したりすることに苦労することがあるのです。

　仕事の時間を有効に使うには、「組織化」の能力や「処理速度」「ワーキングメモリ」「職場環境」など、さまざまな要素が影響します。自閉症社員には、以下のような問題があるため、時間管理のサポートが必要です。

　　・仕事間の移行
　　・過集中
　　・複数の仕事の管理

> 時間管理に対処するための方略は、自閉症社員に限ったものではありません。「コーチング」という分野はもともと、この事例で説明した実行機能の問題を解決することで人々がより効率的に仕事ができるようにするために、企業内で開発されたものです。

　効果的な時間管理（タイムマネジメント）とは、仕事にかかる時間を正確に見積もり、1 日の中でどのように時間を配分するかを決め、一つの仕事から別の仕事に移行し、締め切りをどのように守るかを計画することです。自閉症社員には、課題についての明確なガイドラインを与えます。

　　・「To Do リスト」を含め、期限や時間枠について具体的に説明します。
　　・その仕事にどれだけの時間が必要か、またその仕事が自閉症社員

の使える時間にどう収まるかを自閉症社員が知るために、「時間の文脈」を提供します。

・割り当てられた時間内に予想される仕事の範囲と深さ、および優先順位を示します。

・長期にわたる仕事の場合、進捗状況を確認するための定期的なミーティングを計画し、進捗状況に応じて期限を調整する練習を行います。

・スマートフォンや電子カレンダーなどの最新技術を使って、リマインダーやアラームを設定して予定を立てましょう。

仕事間の移行については、

・仕事と仕事の間に休憩を入れて、自閉症社員が一つの仕事から完全に解放されてから次の仕事に取りかかれるようにします。

・自閉症社員が、完了した一つの仕事から精神的に解放され、次の仕事に取りかかれるように、少し歩き回ってみるなど、体を動かすことを提案します。

・「この仕事を終わらせてから、次の仕事に取りかかるまでにどのくらいの時間がかかりましたか？」「切り替えるのが最も困難な時間帯や仕事の種類はありますか？」など、具体的な質問をして、自閉症社員にとっての移行の問題点を洗い出します。

・前もって仕事のスケジュールを確認しておくことで、自閉症社員が精神的に余裕を持って移行ができるようになります。

　自閉症社員の中には、仕事に没頭して時間を忘れてしまう人もいます。また、自閉症者には一時停止ボタンがないため、作業が中断されると最初に戻る必要があります。変化を伴う仕事の要求に対処するためには、「構造化」と「事前に通知すること」は自閉症社員にとって非常に有効です。

・タイマーをセットしておけば、自閉症社員は一つの仕事を終えて

　次の仕事に移るタイミングがわかります。

・自閉症社員が仕事で行う必要のある移行作業を最小限にします。

・自閉症社員が与えられた仕事を完了してから別の仕事に移ることができるように、十分な時間を確保します。

複数の仕事の管理については、

・仕事を個別にできるように、細かく分割します。

・それぞれの仕事のメモや書類を収納するために、書類箱を使用します。

・壁掛けカレンダーを使って、それぞれの仕事を色分けして時間帯別に分類します。

仕事の中断については、

・可能な限り、自閉症社員が仕事をし終えてから、次の仕事に移るように依頼します。

・新しい仕事に切り替える前に、中断して後からやり直さなければならない仕事の続きがある場合には必要なメモを書き留めておきます。

・メールや電話をする時間を別に確保することで、中断を最小限に抑えます。

・可能であれば、自閉症社員がやっていることを中断しなければならないことを手短に予告します。

10 仕事の質

　第Ⅱ部では、自閉症社員が直面する職場での人とのかかわりの問題について述べ、第Ⅲ部の最初の 2 章では、自閉症社員にとって困難をもたらす「仕事の遂行能力」の問題に焦点を当てています。この二つの領域は、「仕事の目標を理解する」「上司のニーズを予測する」「指示を解釈する」「さまざまなアプローチを評価する」「方略を変更する」「上司からのアドバイスや修正意見を受け入れる」などの分野で自閉症社員の仕事の質を評価する際に組み合わされます。新しい仕事を始めるとき、誰もが自分自身に問いかけます。自閉症社員の場合には、これらの質問に答え、仕事を効果的に完了する能力は、本書で取り上げてきた、図 10.1 に記載されている概念に大きく影響されます。

　一般の社員にとって、仕事の質の問題は主に実行機能（たとえば組織化スキル）の領域に集中しており、人とのかかわりに関連しているとは考えられていません。しかしながら、自閉症社員の場合、仕事を効果的にこなす能力は、計画や優先順位を決める能力と同じくらい、コミュニケーションや心の理論に関係している可能性があるのです。さらに重要なことには、自分が仕事をどれだけうまくこなしているかという自閉症社員の認識は、その人の適性（たとえば仕事をこなす能力）だけでなく、その人が仕事や他

私は何を必要としているのでしょうか？ 私はどのようにすべきでしょうか？ 誰と一緒に仕事をするのでしょうか？ どのような形であればいいのでしょうか？ 自分のやり方は正しいのでしょうか？ 違う方法でやるべきでしょうか？ 助けが必要でしょうか？ 前にやったことがあるでしょうか？	心の理論 文字通りの思考 全体像を見る 職場の雰囲気（人間関係） ワーキングメモリ プランニング 優先順位づけ 時間管理（タイムマネジメント） 般化 仕事の開始 柔軟性 仕事間の移行 セルフモニタリング（自己観察）

図 10.1　認知的要因が仕事の質に及ぼす影響

の人との協働に対してどのような態度をとっているかということも関係しているのです。

　この章では、仕事を依頼されたときの解釈、過去に生じた問題からの学習、柔軟性、フィードバックや批判への対応など、自閉症社員にとって最も一般的に認識されている仕事における質の課題を取り上げます。ここでは「上司」という言葉を使っていますが、監督や指導をする立場の人を指していることもあります。

　肯定的な側面

　　・自閉症社員は、いくつかの領域で柔軟性に欠ける部分が問題となることもありますが、仕事のやり方や手順を遵守し、法令に違反していることなどに気づく能力は、会社にとって貴重な危険管理の役割を果たすことになります。
　　・多くの自閉症者は、従来のやり方に固執することがないので、新しく、創造的な方法で問題を解決しています。

この章を読む際には、すべての自閉症社員がここで述べたような行動をとるわけではないことを覚えておいてください。それぞれの自閉症社員は異なっており、自閉症に関連する問題はその人に固有のものです。

事例 10.1　何回同じことを言えばいいんだ？

月曜日		火曜日	
来年の仕事の見通しを教えて欲しいんだけど。	問題解決のための手法のすべてが間違っています。	それでは、その仕事の見通しはどこにあるのかね。	問題解決のための手法のすべてが間違っています。

この事例に含まれるトピック

- ・あなたのニーズを予測しません。
- ・求めていたものを提供しません。
- ・指示を文字通りに解釈しすぎます。
- ・指示されたことを忘れます。
- ・以前の仕事から学んでいません。
- ・常にフィードバックが必要です。

このような場面に遭遇したことはありませんか？

- ・ある社員が毎月同じ仕事を担当しているのですが、毎月再説明が必要になります。そして、雇用主であるあなたは「何回同じことを言えばいいんだ？」と思います。
- ・1日のやるべきことのリストをある社員と一緒に見てみると、半

分くらいは忘れていることに気づきます。

根本的な問題は何なのでしょうか？
仕事の遂行能力と心の理論

　仕事をうまく成功させるためには、仕事を任せてくれる人物の目標や期待する結果を理解することが必要ですが、社員は常に他者の心を読んでいるわけではありません。多忙な上司は、自分が簡単だと思う仕事を、あまり説明せずに社員に任せてしまうことがあります。しかし、上がってきた仕事は、上司が期待していたものとはほとんど違うものとなっているのです。

　「心の理論」の問題（第Ⅱ部で説明）から、自閉症者は他者の視点で状況を見ることが難しいため、上司や同僚が何を求めているかを予測することに苦労することがあります。自閉症社員は、「顔の表情」「声のトーン」「ジェスチャー」など、問題の背景にある文脈や重要な情報を示すサインに気づかないことがあります。

　たとえば、プレッシャーにさらされている上司は、市場活動の報告書を担当している自閉症社員に、「社長が報告書は昨日中に必要だったと言って怒っているんだ！」と言ってしまうかもしれません。上司は、自分の声のトーンは、自閉症社員が自分の持ち場に戻って、他の作業をやめて、すぐに報告書の作成に取りかかるべきだという意味だと思っています。しかしながら、自閉症社員は上司のコメントを、感情的な文脈とは切り離して解決するかもしれません。昨日はすでに終わったので報告書は必要ないと勘違いし、他の課題を続けてしまうのです。上司は、「他の仕事をやめて、午後３時までに市場活動の報告書を持ってきてくれ」というような、直接的で具体的な要求をした方がうまくいったでしょう。

　自閉症社員は、要求されたことを前後の文脈の流れの中で考えるといった認知的柔軟性がないため、指示を文字通りに解釈してしまうことがあります。たとえば、上司が自閉症社員に「先月と同じように売上報告書を出してください」と言った場合、上司が期待しているのは、自閉症社員が仕

事の同じ部分（例：フォーマットや情報源）を使って、同じではない情報（例：今月の売上の数字）で埋めてくれることです。自閉症社員は、類似性よりも細部や相違点を認識する傾向があるため、新しい市場での販売台数が増えるなど、何かが変わったときに、どのように対処すればよいかわからないことがあります。

　自閉症社員は、自分が考えていることを上司であるあなたがわかっていると思っているので、あなたが直接要求しない限り、重要な情報を自分から提供しない可能性があることを覚えておいてください。

　　「指示や要求は直接的に言ってください。遠回しに言わないでください」

　仕事や作業についての明確な指示やコミュニケーションは、すべての従業員にとって有益であり、自閉症社員にとっては特に不可欠なものになります。「要求」には三つの要素があります。これらの要素において曖昧さや誤った仮定は、特に自閉症社員の場合、仕事をうまくこなすのに影響します。仕事をうまく成功させるためには、図 10.2 に示すように、割り当てられた仕事の具体的な詳細さと範囲（何をしなければならないか）、要求をどのように処理し解釈するか（どのようにそれを行うか）、期待される仕事の成果（何を提出しなければならないか）を自閉症社員に知らせる必要があります。

　自閉症者は、ルールがあり、構造化されているときに最も快適で生産的です。そのため、どのような仕事の依頼においても、どのような結果を期待しているのか、なぜそれが重要なのかを具体的に説明し、形式や構造が似ている仕事の具体例を示す必要があります。具体的には、「ＸとＹを含

図 10.2　仕事の要求に対する要素

194

む必要がある」といった重要な内容を列挙し、他の仕事との優先順位、納品までの期間などを説明します。自閉症社員には、雇用主であるあなたが言ったことを理解するための時間を与え、指示を復唱してもらうことで、あなたの要求を理解しているかどうかを確認します。仕事を見直すために中間日を計画したり、同僚を任命して定期的にチェックしてもらいます。

　　「もし私が間違ったことをしていたら、言ってください。私は
　　怒ったりしませんから」

ワーキングメモリ

　自閉症社員は自分の仕事に誇りを持っているので、口頭で仕事を割り当てたにもかかわらず、それが完了していない（あるいは期待していたものと違う）場合には、その原因を探ることが大切です。「指示が明確でなかったのではないか？」「計画を立てるのが苦手なのではないか（第8章参照）」あるいは、「自分が言ったことを忘れてしまったのか？」。ワーキングメモリとは、実行機能の一つで、「人に言われたことを全部覚えておく」といった、短時間情報を記憶しておく能力のことです。自閉症者は細部の記憶に優れていますが、ワーキングメモリに問題がある人もいます（アイデアを頭の中にとどめておき、それを使って仕事をこなしたり問題を解決したりする際など）。

　ワーキングメモリが不足している人は、一度に多くの情報を与えられると圧倒されてしまい、多くの口頭での指示に従うことができません。たとえば、ある仕事でやるべきことを五つ伝えても、最初の方は記憶に残らず、最後に聞いたことだけを覚えているかもしれません。自閉症社員が指示を受けた後にわかりきった質問をする場合、注意を払っていないのではなく、ワーキングメモリが不足していることが原因かもしれません。

過去の仕事から学ぶ

　また、ワーキングメモリは、過去の学習や経験をもとに、それを現在の状況に適用することも含まれます。上司は一般的に、社員が以前の仕事に

取り組んだことがあれば、似たような仕事にはどのようにかかわればよいかわかるだろうと考えます。学習の「般化」というものは、二つの状況でそれぞれに固有の特徴ではなく、類似した特徴に注目することで起こります。「般化」の能力がないと、些細な違いでもすべての仕事が異なるものになってしまうため、すべての仕事を「振り出し（最初）」から始める必要があります。経験に基づいた過去の解決策を見つけ出し、初めてのことに取り組む際のテンプレート（ひな型）として活用することで、職場での時間とエネルギーを大幅に節約することができます。

　自閉症社員は、過去の仕事から直感的に学ぶことができないかもしれません。なぜなら、同じことよりも違うことに注目する傾向があるからです。自閉症社員は、行う仕事を、過去にやったことと今やるべきことが似ているという「ひな型」ベースのものとは考えていません。しかしながら、自閉症社員は、仕事の成果物がどのようなものであるかという枠組みや具体例を与えられ、比較する手段を持つことで、「般化」を学ぶことは可能です。共通点を強調し、相違点への対処法を提案して、自閉症社員が今後の同じタイプの仕事のルールとして取り入れることができるように指導します。

　どのような社員であっても、適切な仕事に就いているかどうかを確認することは常に重要であり、自閉症社員の場合は、常に意思決定を必要とする仕事や、ほとんど指導なしにすべての任務が全く異なるような仕事には適していないかもしれません。しかし、エンジニアリング、プログラミング、ファイナンス、テクノロジーなどの本質的に構造化された分野や、医療、研究、法律、映画製作などの深い専門知識を持つ分野であれば、これらの要求に応えることができるかもしれません。

セルフモニタリング

　私たちは日々、目標に向かって少しずつ適応しています。「セルフモニタリング」とは、仕事における自分の遂行力を記録して監視し、一歩下がって自分がどのように目標を達成しつつあるかを評価することで、自分自身にフィードバックを与えることができる実行機能のことです。この自

分に対するフィードバックを受けて、仕事の方略を調整したり、ミスを発見したり、作業のスピードを変えたりします。

　セルフモニタリングがしっかりできている人は、自分の状態を認識することが仕事の質と一致するため、自信を持ち、直接的な監督を必要としなくなります。自閉症社員は、状況に応じて自分の進捗状況をチェックしたり評価したりすることが苦手なので、仕事が順調に進んでいるかどうかわからず、自分の仕事に自信が持てないことがあります。逆に、自分の仕事が期待に応えていると思い込んでいた場合、悪い評価や否定的なフィードバックに驚くこともあります。セルフモニタリングが苦手な人は、ストレスやプレッシャーを感じているときに日常的な作業がうまくできなかったり、作業中のミスを発見できなかったり、新しい作業をすぐに覚えられなかったり、慣れない環境で慣れた作業をうまくできなかったりします。

　セルフモニタリングの重要な要素は、自分自身の「セルフトーク」や「内なる声」に注意を払うことです。つまり、問題を解決しているとき、作業をしているとき、心のチェックリストを見ているときなどに、自分自身に向かって考えたり、話しかけたりすることです。研究によると、「セルフトーク」をすることで、より生産的に、正確に、自信を持って仕事をすることができ、さらには感情を調節することもできるそうです[50]。特に職場では、仕事の手順を説明したり、決断の是非を検討したりする際に、「指示型のセルフトーク」が非常に有効です。

　自閉症社員の場合は、「セルフトーク」によって、上司や同僚から受ける指導を内在化することで、セルフモニタリング能力を強化できる可能性があります。「セルフトーク」は、仕事の性質と要求を定義すること、集中力を維持してゲームプランを生み出すこと、方略を使用すること、エラーを検出して修正すること、発生した問題に対処することなど、割り当てられた仕事に取り組む際に多くの機能を果たすことができます[51]。

　自閉症社員に自分の仕事の状況を確認する手段として「セルフトーク」を行わせることは、仕事の各段階それぞれで注意喚起を行い、自分自身に黙って話をするように勧めるだけで十分です。「セルフトーク」は、直接的、具体的、かつ肯定的なものであるべきです。

　自閉症社員は、メモを書くときに、「まず、最も重要なポイントを選ん
で、それを一番上に置く必要がある」というように、無言で自分に言い聞
かせるかもしれません。興味深いことに、セルフトークの際には「私」と
「あなた」のどちらを使ってもよいのですが、現在の研究では、「あなた」
を使った方がより客観的で効果的な傾向があると言われています。これは、
誰かに有益なフィードバックやアドバイスをするのと同じです [52) 53)]。

フィードバック

　ほとんどの人は、自分が正しいやり方で仕事をしているかどうかを自分
の中のチェックポイントに注意して知ることができますが、自閉症社員は、
自分が正しく仕事を行っていることを確信するために、あるいは最終的な
成果に十分な自信が持てないので、上司や同僚からの外部フィードバック
を必要とすることがあります。また、間違ったことをしたくないという自
閉症社員の不安も、フィードバックを求めてもいつ返ってくるかわからな
い状態を増幅します。

　自閉症社員の仕事が正しい方向に向かっていると上司が見ているのなら、
常にフィードバックを求めてくるのは不安や自信に関係している可能性が
あるため、すぐに対応するのではなく会う時間を設定するのが適切です。
しかしながら、不明瞭さがあることを示す質問には、できるだけ早く対処
する必要があります。なぜなら、自閉症社員は、仕事の小さな部分が不明
瞭だと、その部分を継続することができないからです。セルフモニタリン
グが苦手な自閉症社員は、実際はそうではないのに自分の仕事が的を射て
いると思っている場合があり、アドバイスに抵抗したり、批判に過剰反応
したりすることがあることを覚えておいてください（第6章と事例10.2で
説明しています）。しかしながら、自閉症社員自身がフィードバックを求め
ている場合は、一般的には助け、アドバイス、安心感を求めていることを
示しています。

　　「アスペルガー症候群の社員にしてあげられることは、フィード
　　バックを与えることだと思います。率直に、ありのままを伝えるこ

とです。その情報を与えることに抵抗を感じるかもしれませんが、彼らがしたいことに対する真の知識がなければ、彼らはそれをすることができません」

　人によっては、常にフィードバックを求められることもありますが、フィードバックを行う時間のスケジュールを組むことで、いつフィードバックが来るかわからないという不安を解消することができます。

何度も指示を求めてくる自閉症社員にはどのように対応すればいいのでしょうか？

　伝えたことを忘れていたり、指定した通りに仕事が進まなかったりして、何度も説明しなければならないとなると、イライラしてくるのは当然です。自閉症社員が、明らかに当たり前のことを見逃しているように見えるときはいつでも、それは「あなたにとっては」当たり前のことなのだということを思い出してください。

　自閉症社員は、仕事熱心で、最高の仕事をしようとする意欲がありますが、「心を読む」（あなたの目標やニーズを予測するなど）ことが難しい場合があります。先に述べたように、「不確実性」というのは、曖昧な要求を出したときや指示されたことの処理が困難な場合に生じます。仕事の曖昧さのために不安になると、常に質問したり、フィードバックを求めたりすることがあります。

　自閉症社員に、過去に行った仕事と似たような仕事をさせるときは、可能な限りテンプレート（ひな型）や完了した仕事のコピーを提供し、参考にできるようにします。どうすればいいのかわからない場合は、二つの仕事のどこが同じなのかを確認してもらえば、新しい仕事を前の仕事をアレンジしたものとして捉えられるようになるので、違いに応じた調整を一緒に行っていきます。自閉症者は、他の人が見落としたり、関係ないと思ったりするような偶発性を見出すことがあることを覚えておいてください。自閉症社員が抱えている心配を認めてあげることで、ひな型（テンプレート）や以前の仕事が現在の仕事に正確に当てはまらない場合に自閉症社員

が感じる不安を軽減することができます。

　ある社員があなたが要求した仕事ができなかった場合、注意を払っていないように見えるかもしれませんが、実は「ワーキングメモリ」や「処理速度」に問題がある可能性があります。自閉症社員に仕事を任せるときは、具体的に説明し、メモを取らせることで、あなたの要求を文書で記録することができます。ノートを取りながら話を聞くのは難しい場合は、会話を録音できるようにしてあげてください。タブレットや電子ペンのアプリを使えば、録音した内容と書いた内容を同期させて、簡単に再生・確認することができます。もし、筆記するのが苦手なら、iPadやキーボードを使ってメモを取る方が効率的かもしれません。

　以上のように、自閉症社員に仕事を依頼する際には、できるだけ具体的に伝えることが大切です。仕事を依頼する場合は、文字通りに受け取られることを想定し、表情や、比喩的で不正確な言葉に頼らないようにします。以下は、仕事を依頼する際のガイドラインです。

- どのような結果を必要としているのか、そしてその理由を説明してください。
- あなたが気にしている点を挙げてください。自閉症社員は、どのような変数を心がけるべきか予想できないかもしれませんので、仕事を始める前にその点を一緒に考えてみましょう。
- 可能であれば、あなたが期待するもののサンプルを提供します。
- 具体的な期限や時間枠を提示し、自閉症社員のスケジュールに対する優先度合いを説明します。
- 自閉症社員に、あなたが言ったことを理解してもらうのに十分な時間を与え、その上で、詳細を理解しているかどうか復唱させ、必要であれば［不明点を］明確にします。仕事に取り組む際に照合できるチェックリストを作成するよう、自閉症社員を奨励します。

自閉症社員を援助するための提案や申し出も同様に、「このような仕事

をしてもらうとき、何をすればすべてを覚えやすくなりますか？」「仕事
の詳細を一緒に確認したいので、携帯電話で会話を録音しておくといいで
しょう」など、具体的なものにします。

　自閉症社員は、自分に何が期待されているのかを知りたいがために、課
題の詳細について非常に多くの質問をすることがあります。「構造化」す
ることで、質問の量や頻度を抑えることができます。上司は、自閉症社員
と会う時間を決めて、その時間までにそうした質問を保留してもらうこと
にします。自閉症社員が行き詰まってすぐに指示を必要としているときは、
メールで質問をさせたり、自閉症社員の支援を行うための特定の同僚に
会って説明を受けるようにさせます。自閉症社員が大規模なレポートを作
成している場合は、草稿や途中までの進捗状況を見せてもらうか、同僚を
配置して仕事の展開に合わせて確認してもらうようにします。

　自閉症社員は、自分が仕事をしている様子を客観的に観察することが難
しいかもしれませんが、チェックリストや中間目標地点を参照させること
で、セルフモニタリングを促すことができます。自閉症社員が仕事を進め
る上で問題解決や手順を踏むためには、静かに「セルフトーク」を行うこ
とが有効です。

関連する章

　・事例 10.2
　・第 6 章　人とのかかわり

事例 10.2　なんて態度をとるんだ！

この事例に含まれるトピック

・頼まれたことだけをして、それ以上はしない

・頼まれたことではなく、自分のやりたいことをやる

・与えられた仕事の価値を疑う

・説明を求めない

・アドバイスに抵抗したり、批判に過剰反応する

・はっきりした理由もなくオフィス内を歩き回る

このような場面に遭遇したことはありませんか？

・ある社員に「別の仕事ををしてください」と言うと、毎回、反論
　されます。そして、雇用主であるあなたは「なんて態度をとるん

だ！」と思います。

・ある社員の仕事は、援助が必要なことを示しているのに、援助を求めようとはしません。
・会議中あなたが席に座っていると、15分ごとに会議室の前をある社員が歩いているのを見つけます。そして、「彼はいつもどこに行っているんだろう？」と不思議に思います。

根本的な問題は何なのでしょうか？

態度と適性

　社員の仕事に対する態度の印象は、「彼がどれだけ自分の仕事をうまく行っていると思うか」という我々の評価にたびたび影響します。言われたことしかやらない、自分のやり方にこだわる社員は、「仕事に関心がない」「態度が悪い」と考えられるのが自然です。しかしながら、自閉症社員の場合、その社員の態度や行動は、自閉症という特性が持つ問題に起因しているものかもしれないので、このような仮定は必ずしも当たっていないかもしれません。

　主体性のある社員は、仕事の要求以上のことをするので、職場で高く評価されます。一方で、与えられたことだけしかしない社員は、一般的に「やる気がない」とされます。自閉症社員にとっては、自分の昇進や積極性を期待されるといった職場の政治性を理解するのが難しいかもしれません。職場は、一つの仕事を終えれば、次の仕事を依頼される環境だ、ということです。自閉症社員は、文字通りに受け取るといった「杓子定規な考え方」をし「全体像」を把握しない傾向があるため、他にどんな仕事をする必要があるのかを予測できないのです。結果として、主体性がないように見えてしまい、昇進の機会を逃してしまうことがあります。逆に、自分には明確にわからない理由があって経営陣が保留しているということに気づかないで、ある仕事をすべきだと思い込んで依頼されてもいないのに勝手にやってしまうといったこともあります。自閉症社員は、昇進や給料の多さをモチベーションにしていないように見えますが、自分の仕事をとて

も大切にしており、良い仕事をして自分の貢献を認めてもらいたいと思っています。

　私たちが考える「主体的な」行動には、「セルフモニタリング」「プランニング」「仕事の開始」などの「実行機能」や、「心の理論」、自分の仕事をより大きな全体像の一部として捉える能力などが含まれます。実際、自閉症社員にとって難しいのは、複雑な活動の集合体です。自閉症社員は以下をする必要があります。

　　・自分の仕事を終えたことを知る
　　・上司が次にやらせたい仕事を予想する（またはスケジュールリスト
　　　を参照する）
　　・次の仕事を始める
　　・仕事を終了したことを上司に報告し、その後次の仕事を求める

　しかしながら、自閉症社員は文字通りに考えてしまうため、「頼まれた仕事を終えたら、次の仕事を待てばいい」と単純に考えてしまいます。同様に、時間管理が苦手な社員は、1週間分の仕事を2日で終わらせようと急ぎ、週の残った日には何もせずに座っている自分を生産的であると思うかもしれません。上司は、自閉症社員がぼんやりと座っているのを見て、「なぜ彼は何もしないのだろう」と考え、自閉症社員が時間を無駄にしている、あるいは仕事をしていないと思うかもしれません。

　他のチームメンバーの仕事に依存する仕事を割り当てられた自閉症社員は、その作業が完了するのをじっと座って待っていることがあります。なぜなら、チームの他の仕事が自分の仕事の完了に依存しているかもしれないという全体像（文脈）を理解していないからです。彼は、チームリーダーにいつ仕事ができるようになるかを尋ねたり、援助を申し出たり、状況を説明したりすることが、礼儀として適切であることがわからないのかもしれません。

頑固さ

> 「我々自閉症者は、決まりきった日常生活が好きです。物事を同
> じようにやり続けることが好きなのです」

　頑固で融通が利かないのは自閉症者の特性の一部です。自閉症社員は、依頼された仕事ではなく、自分のやりたいことをやっているように見えることがあります。「認知的柔軟性」とは、文脈に応じて思考や注意を転換し、変化する状況に適応することができる「実行機能」です。柔軟性に困難を抱えている自閉症社員は、次のようなことに対する困難を抱えている可能性があります。

- 情報を複数の見方で解釈し、仕事を完了するために複数の方法があることを理解する
- 問題を解決するために新しい方法を取り入れる
- ルーチンを変える
- ある活動をやめて違う活動を始める
- 他人の援助を受け入れる

　「白か黒か」といった考え方は、柔軟性に欠け、規則やルーチンに固執することにつながります。柔軟な発想をするためには、古いやり方を捨て去る能力が必要ですが、一般的に自閉症者の多くは変化に抵抗を示します（第 11 章で説明）。たとえば、自閉症者が頑固に見えるのは、些細なことやルーチンの一部にこだわってしまい、アドバイスに抵抗したり、回避策を使おうとしなかったりするからかもしれません。つまり、融通が利かないように見えるのは、実際には、新しい考え方や異なる期待に移行するのに苦労しているのです。

　第 9 章で述べたように、自閉症社員は、特に興味のあることに集中する、つまり過集中する傾向があります。この「一つのことに集中する」という特性のため、自閉症社員は、関係のない細部に気を取られたり、脱線

したりして、自分が仕事を遂行できなくなっていることに気づかないことがあります。

文脈の二つの側面

　前述したように、自閉症社員は、状況に応じて注意を移したり、反応を変えたりすることが難しいため、職場の目標達成のために何をすべきかという文脈の中で、自分の仕事がどのように位置づけられるかを考えないことがあります。柔軟性に問題があるため、自閉症社員は、正しいやり方（自分のやり方）と間違ったやり方（頼まれたやり方）があるという「白か黒か」の考え方にとらわれてしまうことがあります。自分が常に正しいと思っている自閉症社員は、他人の意見を取り入れたり、自分の考えを正当化したりするよりも、一人で仕事をすることを好むかもしれません。

　たとえば、自閉症社員は、（同僚上司から）頼まれた仕事のやり方ではミスをしてしまうとか、効率が悪いと感じて反発することがあります。自閉症社員はまた、自分の仕事の結果に依存している人々や部門への広範な影響を考慮することなく、仕事の過程ややり方の変更を主張するかもしれません。これまでの章を思い出していただけるとわかるように、自閉症社員は「全体像」を見るのが苦手な人が多いので、なぜ「何かを変えてはいけないのか」という広い文脈を説明し、上司の承認なしには「何も変えてはいけない」というルールを説明することが重要です。

　同様に、自閉症社員は、与えられた作業の価値を疑問視したり、作業に取り組むことに不満を持ったりするかもしれません。なぜなら、自閉症社員は作業の関連性を把握したり、それが物事の大きな枠組みの中でどのように位置づけられるかを認識していない可能性があるからです。そのような反発に対しては、なぜその仕事をしているのかという「全体像（文脈）」を説明したり、さらに上層の人からの依頼は議論の対象にならないことを説明したりします。

　文脈に頼らないことが時にはメリットになる場合もあることを覚えておいてください。自閉症社員は、職場の慣習や政治的かかわり、現状に影響されないため、問題解決や分析をする際に新鮮な視点を持つことができま

す。時に、自閉症社員は思いがけない結果を生み出したり、型破りな方法で仕事を進めていくことがあり、それがユニークで創造的な解決策につながることがあります。

　たとえば、自閉症と「発散的思考（既成概念にとらわれない思考）」との関係を研究している研究者たちは、自閉症の特徴を持つ人は、創造性の問題に対して、一般的ではないアイデアに直接アクセスするという異なる方法でアプローチすることができることを発見しました。自閉症の参加者には、ペーパークリップの別の使い方をできるだけ多く考えてもらいました。自閉症の特性が高い人たちは、「紙飛行機の重し」「切り花を支える針金」「ゲームやギャンブルのチップ」「軽いバネ」など、より変わった創造的な回答をしていました。より一般的なものとしては、「フックやピン」「小さな溝を掃除するための道具」「ジュエリーを作るための道具」などの回答もありました [54]。

　自閉症の中でも創造性に富み、型にはまらない人として、「The Autistic Gardener」としてテレビで活躍するガーデンデザイナーのアラン・ガードナー氏、イギリスの建物画家スティーブン・ウィルシャー氏、アメリカの作家で動物科学の教授であるテンプル・グランディン氏などが挙げられます。

援助要求

　事例 10.1 で述べたように、自閉症社員の中には、不安や自信のなさから、あるいは仕事を理解できなかったことから、常にフィードバックを求める人がいます。一方で、自閉症社員は、能力がないと思われたくない、過去に「当たり前の質問」をして叱られたことがあるなどの理由で、助けや説明を求めることを躊躇することがあります。就職および職場定着に苦労してきた自閉症社員は、援助を必要としていることを言うのに恐怖心があり、仕事にベストを尽くしたいと思っているにもかかわらず、質問をしないことがあります。これは特に、新入社員にとって問題となるかもしれません。新入社員は、最初の学習期間が必要であることや、自分ではわからないことの質問をすることが悪いことではないことを理解していないか

もしれないのです。

気の散りやすさ

　仕事を与えられた人は、自分の持ち場（机）に戻って仕事をすることが期待されます。仕事中に短い休憩を取ることは適切なことですが、常に職場内を歩き回っている人は、仕事をしていないか、気が散りやすい（集中力がない）のではないかと考えられます。

　自閉症社員が頻繁に休憩を取る理由はいくつかあります。たとえば、仕事間の移行のために体を動かす必要があるからかもしれません（第9章で説明）。また、自閉症社員は、構造化されていない時間をどのように埋めればよいかわからず、他にすることがないので歩き回ったり、時間の経過を意識せずに頻繁に休憩したりすることがあります。また、（第8章で述べたように）仕事をどのように始めたらいいかがわからないのに、直接助けを求めるのを怖がっている自閉症社員は、上司や同僚の注意を引き、着手を手伝ってもらう方法を探しているかもしれません。

　職場の騒音に敏感に反応するので、そのことが自閉症社員にとって気の散りやすさの大きな原因となっている可能性もあります。たとえば、コピー機の音で集中力が途切れてしまうこともあるので、その音から逃れるために頻繁に持ち場を離れることもあります。職場における感覚的な側面については、第Ⅳ部「職場での感覚の問題」で説明します。

態度の良くない社員には
どのように対応すればいいのでしょうか？

　一般に、通常の社員に仕事の遂行能力上の問題を説明する際には、まずは結果のフィードバックを行い、期待されている責任を伝えます。そして、仕事の水準が十分に達成できなかった場合はその結果についても説明すれば十分です。しかしながら、対人関係の問題と「実行機能」の問題が複合的に作用しているため、自閉症社員の場合はこの種の対応だけでは十分ではありません。

　「隠れたカリキュラム」「心の理論」「全体像の把握」などに関連する問

題は、すべて自閉症社員の仕事の質に結びついています。なぜなら、それらは自閉症社員が与えられた仕事をどのように解釈し、どのように遂行するかに影響するからです。自閉症社員が何もしていないように見えても、良い仕事をしようという意欲がないとは思わないでください。それは、一つの作業を終えた後に何をすればよいかわからないことが原因かもしれません。仕事に意欲的に取り組むためには、上司の目標やニーズを予測する必要がありますが、これは自閉症社員には難しいかもしれません。自閉症社員の空いた時間を埋めるために、仕事を優先順位の高い順にリストアップさせ、必要な時間の目安をつけさせましょう。一つの作業が終わったら、自分にある空いた時間を確認し、その時間に合うものが見つかるまで、追加でやるべきことのリストを上からたどるというルールを作りましょう。必要であれば、上司に別の仕事を依頼してもよいでしょう。時間管理が苦手で焦って仕事をしてしまう場合は、仕事をいくつかに分けて１週間かけて行うようにします。

　自閉症社員は、同僚が完了する仕事を待っている場合、その間に他の仕事をしたり、他の同僚に確認したりすることが適切であることに気づかないため、ぼーっと座っていることがあります。上司のところに行って、やることがないと仕事を進められないことを説明し、他にすべきことがないかを尋ねるように促します。また同僚に対しても、「これ［その同僚がやっている作業の成果］がもらえないと自分の作業が終えられないので、何か手伝えることはありませんか？」と尋ねるようにすることもできます。

　もし、自閉症社員の融通が利かないことが問題なら、状況の背景を説明して、本人の行動がより広い計画の中でどのように位置づけられるかを理解させる必要があります。たとえば、自閉症社員は、自分が従うように求められた仕事のプロセス、手順、方式に誤りがあると感じて、その変更が他の同僚の仕事にどのような影響を与えるかを気にせずに変更してしまうことがあります。まず、当人の心配を認めた上で、その変更が適切でない理由を説明します。もし組織全体で広く使用されているプロセスが変更されたら、最終的に仕事が適切に集約されない可能性があります。自閉症社員本人が勝手に手順を変更してはいけない、何かを変更するときは上司に

相談する、というルールを決めておきます。また、自閉症社員は、自分には関係ないと思う作業をすることに抵抗を感じるかもしれません。自閉症社員がなぜこの仕事を頼まれたのかと聞いてきたら、やはり文脈（自分の仕事がどのように使われるのかという「全体像」）を説明しましょう。

多くの自閉症者は、援助を求めたり、説明を求めたりすることを、弱さや依存心の表れだと考えます。また、仕事のやり方を知らないと思われることを恐れる人もいます。しかしながら、指導を仰ぐことで、自閉症社員が不要なことをしていたことや、仕事に関係のない活動に時間を費やしていたことに気づくかもしれません。雇用主であるあなたは、自閉症社員が援助を必要としているにもかかわらず、援助を求めたがらないのではないかと思ったら、問題となっている仕事の過程を説明してもらい、そして助言をすることができます。

自閉症社員は、「白か黒か」「全か無か」といった考え方をするため、批判を受け入れることが難しく、仕事全体が失敗していると感じ、破棄すべきだと考えてしまうことがあります。建設的な批判をする際には、まず正しいことを強調し、次に残りの部分を和らげて説明します。自分に厳しい自閉症社員の場合は、「天才でも間違えることがある」と説明し、今後間違わないようにルールを作ってあげましょう。

ある社員が職場の中をうろうろしているのを見かけたら、それは仕事の移行のために物理的な休憩が必要なのかもしれませんし、騒音などの環境の感覚的な問題が原因かもしれません（第11章で取り上げます）。時間管理も悩みの種で、自閉症社員は、構造化されていない時間をどのように埋めればいいのか、どのくらいの頻度で休憩を取ればいいのかわからないかもしれません。たとえば、時間の経過を十分に認識できていない社員は、15分ごとに持ち場を離れ休憩を取るかもしれません。しかしながら、上司が1時間ごとに10分間の休憩を予定すれば、自閉症社員が休憩時間が来ることがわかるので、自分の持ち場にとどまることができます。最後に、自閉症社員が仕事を始めるのに苦労しているようであれば、援助を受けることを恐れないでいいことを伝えましょう。今の仕事のどこかで困っていて、すぐに援助が必要かどうかを自閉症社員に尋ねてみましょう。

関連する章

- ・事例 10.1
- ・第 5 章　会　話
- ・第 8 章　組織化
- ・第 9 章　時間管理
- ・第 11 章　感情抑制

仕事の質：合理的配慮のまとめ

　社員の適性と態度は、雇用主が社員の仕事の質を評価する上で重要な要素です。「私の気持ちを考えてくれたら」「何度言えばわかるんだ」「なんていう態度をするんだ」と思うような人と一緒に仕事をしたことがどれだけあるでしょうか。自閉症者の適性や態度は、「隠れたカリキュラム」や「心の理論」（第 5 章で説明）、「実行機能」（第 8 章で説明）に関する困難によって影響を受けます。これらの困難が仕事の遂行能力や態度にどのような影響を与えるかを理解することは、自閉症社員が能力を最大限に発揮するための手段を提供する上で重要です。

　自閉症社員は、自分の仕事に誇りを持っており、質の高い仕事を安定して提供したいと考えています。しかしながら、神経学的構造や認知スタイルの違いにより、細部や違いに注目して「全体像」を見失うことがあります。そのため、期待されることを予測したり、過去の仕事から直感的に学んだりすることが難しくなります。結果として、期待に応えることに不安を抱き自信を持てず、頻繁にフィードバックを求めることがあります。

　雇用主は、職場で積極的に行動し、組織の広範な目標に合わせて変化する可能性のある新しい任務を柔軟に引き受ける社員を求めています。一方、自閉症社員は、「構造化」を重視する傾向があり、明確な期待が示されると最も快適に過ごせます。不確実性や大きな変化に直面すると、ルールやパターン化された行動、自分の見解に固執することがあります。不安になると、仕事ができないと思われることを恐れて、フィードバックを拒否し

たり、援助を求めなかったりすることがあります。

　雇用主は、自閉症社員が以下のことに困難を抱えていても仕事や同僚を軽視しているわけではないことを理解していれば、自閉症社員が提供できる質の高い仕事から利益を得ることができます。

　・情報の一般化
　・セルフモニタリング
　・柔軟性
　・援助要求
　・フィードバックの受け入れ

　自閉症社員の多くは仕事を得ることや維持することに苦労しており、自分の仕事の質が期待に応えられないと思うと極度の不安に襲われることがあることを覚えておいてください。この不安を解消することで、彼らが最大限の力を発揮できるようになります。

　以前と同じような作業でも、自閉症社員にとっては、情報や手順などのような細部が変更されていたり、追加されていたり、削除されていたりすると、仕事の開始や完了が困難になることがあります。しかし、このような些細な違いも、次のようなちょっとした援助を与えれば、自閉症社員も最終的には対処できるようになります。

　・どのような結果を期待しているのか、なぜそれが重要なのかを具体的に説明するとともに、仕事のやり方が似ている例があれば、それも示します。
　・似たような仕事を割り当てる際には、二つの仕事のどこが同じなのかを自閉症社員に尋ねると、新しい仕事を以前にやった仕事とほぼ同じようなやり方で行えばいいとわかるので、その上で、相違点に基づいて自閉症社員と一緒に調整を行うようにします。
　・自閉症社員にメモを取ってもらって、雇用主であるあなたの要求

を書面で記録してもらいます。もしメモを取りながら話を聞くの
が難しい場合は、会話を録音することを許可します。

セルフモニタリングについては、

- はっきりしないという質問には、できるだけ早く対応します。
- 自閉症社員に、メールで質問するか、特定の同僚に会って説明し
  てもらうよう勧めます。
- 定期的なフィードバック時間のスケジュールを作成し、自閉症社
  員がフィードバックをしてもらう時間を明確にします。
- チェックリストや事前に設定した目標（マイルストーン）を参照
  して、自分の進捗状況を自己チェックするよう自閉症社員に勧め
  る。

　自閉症社員がどれだけ自分の仕事をこなしているかという認識は、その
仕事に対する適性と同様に、仕事や同僚に対する態度に基づいています。
雇用主は、自閉症社員が職場で誤った態度をとらないようにするため、構
造化や指導が必要となるでしょう。

- 自閉症社員の不安を認めた上で、自閉症社員が仕事に抵抗感を示
  す場合には、なぜ何かを変えられないのか、なぜ変えた方がよい
  のか、あるいはなぜそうすることが必要なのかについて、より広
  い文脈で説明します。
- 自閉症社員が一人でできる決定や変更と上司に確認してもらう必
  要があるものについて、ルールを提供しましょう。

援助要求については、

- まず、自閉症社員に自分の仕事を説明してもらい、仕事に関して
  質問をしない傾向があるようであれば、[わからないことは聞いて

もいいんだよと〕提案します。
・自閉症社員に対して、仕事をする上で質問があるのは当然だということを伝えます。そして、自閉症社員が質問をするための時間を特別に設けます。
・質問をしたり他の人のアイデアを受け入れたりすることを重視して、自閉症社員と一緒にブレインストーミングの練習をします。

フィードバックの受け入れについては、

・仕事の内容について建設的に指摘する際には、まず正しく仕事が行われたことを強調します。
・誰もがミスをするものであり、それは仕事上の学習の一部であるということを説明します。
・自閉症社員が同じような失敗をしないように、今後守るべきルールを作るのを援助します。
・すぐに、また定期的にフィードバックを行います。たとえフィードバックが肯定的なものであっても、フィードバックの機会は必ず設けるようにします。

11 感情抑制

　「実行機能」の重要なスキルは、「感情抑制」、つまり、自分の感情をどのように表現するかをコントロールする能力です。人は誰もが感情の抑制に悩むことがあります。しかし、自閉症者はさらに社会性の問題、感覚の問題、認知の問題があり、また自分自身の感情の状態を認識することが困難なため、さらに大きな問題となります。

　自閉症社員の職場や社会問題の専門家である心理学者リンダ・ゲラーによると、感情抑制の影響は、私たちがどう感じるかだけにとどまらないそうです。

　　感情とは、単なる気持ちの状態と思われがちですが、それだけではありません……。記憶、知覚、注意、身体反応などの重要なプロセスを制御する上で重要な役割を担っています。感情抑制には、どのような感情を持つか、いつ持つか、どのように経験し表現するかに影響を与えるプロセスが含まれます[55]。

　感情抑制は、圧力弁と同じように、感情をどれだけ出すかをコントロールすることができます。一方、自閉症者はオンとオフのスイッチしかない傾向があり、その結果、引き金となった状況とは比例しない感情的な反応を示すことがあります。ほとんどの人は、別の視点から状況を考えたり、気晴らしに別のことをしたりすることで感情をコントロールすることができますが、自閉症の場合、これらの戦略は難しいかもしれません。さらに、感情抑制がうまくいかないと、どれくらい自閉症社員が不安に対処し、変化に対応し、フラストレーションが溜まっても「我慢し続けること」ができるかどうかに影響します。

　この章では、不安、変化、感情抑制、感情の枯渇への対処など、自閉症社員の感情抑制に関する代表的な問題を取り上げます。

<u>肯定的な側面</u>

　・職場全般の不安軽減を学ぶことは、す・べ・て・の・従業員にとって有益

です。

・自閉症社員は、多くの変化に対処するのが難しいかもしれません
が、他の人が反復的と感じるかもしれない仕事に対して高い耐性
を持っています。

この章を読み進める中で、すべての自閉症が、ここで議論されている
すべての行動を示すわけではないことを覚えておいてください。自閉
症社員はそれぞれ異なっており、自閉症に関連する課題もその人独自
のものになります。

事例 11.1　何もかもが彼の悩みの種になっている！

この事例に含まれるトピック

・過度に不安そうに見える
・スケジュールやスタッフの変更に腹を立てる
・日々のルーチンの中断や些細な変化にイライラしやすい
・他人の感情に過剰に反応する
・状況の大きさを歪曲する

このような場面に遭遇したことはありませんか？

・ある社員に小さな仕事を頼んだら、その社員は自分の時間を大切にされていないと20分も独り言を言い続けている……。そして、「何もかもが彼の悩みの種になっている！」とあなたは思います。
・会議が15分延期されたことで、あるチームメンバーが怒っている。

根本的な問題は何なのでしょうか？

　自閉症社員は一見些細なことで怒っているように見えますが、その裏には本当の理由があるのです。自閉症社員は、さまざまなことが原因で、感情的に過剰に反応したり、不安や不満、イライラを感じたりすることがあります。そのような場合、明白な「きっかけ」があるわけではなく、小さな出来事の積み重ねが原因であることが多いのです。第Ⅳ部で紹介するように、物理的な環境も自閉症社員に負担をかけることがあります。いわゆる感覚的な問題です。原因が何であれ、これらの問題の多くは自閉症社員のコントロールの及ばないものであり、本人が意図的に頑固になったり逆らったりしているのではないことを心に留めておいてください。

不　安

　「不安」は自閉症者にとって最大の課題の一つを生み出します。人は誰でも集中力を維持するためにある程度の不安が必要ですが、不安が募ると目の前の仕事に集中できなくなり、不安からくる感情に気を取られるようになります。

　自閉症社員に不安を与える職場の状況は、これまでの章でも多く取り上げられています。たとえば以下のようなものがあります。

　　・何を期待されているかわからないとき
　　・期待されたほど速く、または効率的に仕事ができないとき
　　・複数の人から同時に仕事を頼まれたとき
　　・他者からの批判を受けたとき

　また、特に新入社員や過去に解雇された経験のある社員は、良い仕事ができないといったことや解雇されるのではないかということで心配をしているかもしれません。後に述べるように、さらに、誰かが強い感情を示したときや、自分が感情をコントロールできなくなることを予期したとき、自閉症者は不安を感じることがあります。過度の騒音や厳しいオフィスの照明など、感覚的な入力にさらされることも、不安のレベルを上げる原因

となります（第Ⅳ部で取り上げます）。

　自閉症社員は自分の感情を解釈することが苦手で、初期の段階では自分が無理をしていることに気づかないことがあるので、本人が不安や動揺を感じていることに気づいたら介入することが重要です。さらに、自閉症社員の場合、仕事上のことで悩んだとき、同僚と同じようにストレスを発散することができないかもしれません。

　社会的な集まりは、多くの自閉症者にとって不安の種となることがよくあります。意図せず「隠れたカリキュラム」のルールを破ってしまうことを避けたいのですが、どのルールが適用されるのか判断に迷うことがあります。

変化への対応

　また、ルーチンやスケジュールの変化に対応することも、自閉症者を不安にさせます。変化は誰にとっても大変であり、ルーチンが変更されると調子を崩してしまう可能性があります。多くの人は、変化に対応するための対処法を身につけていますが、それでも突然の変化には驚かされるものです。多くの企業にとって、変化は対応しなければならないことの一つであり、社員はスケジュール、優先順位、手順の変化に対する対処法を学ぶ必要があります。しかしながら、自閉症社員にとっては、職場において物事が自然な順序や期待通りに運ばないことを理解することが難しく、変化に対応することが難しく、深い不安を感じることがあります。

　自閉症社員にとって、世界は予測不能で混乱した場所に見えている可能性があります。そのため、同じバスで通勤する、朝は同じ食事をとるなど、パターン化した日常生活を送ることで、1日にある程度の予測可能性を持たせることができるのです。しかしながら、自閉症社員の仕事におけるパターン化された仕事および同じことを繰り返したいという欲求は、それだけにとどまらず、周囲の環境や毎日の仕事や人々における変化に対しても極端な反応を引き起こすことがあります。たとえば、事務所の机や椅子の配置が変わったり、別の部屋に移動したり、あるいは休憩室のコーヒーの銘柄が変わったりといった物理的な環境の変化で、自閉症社員は動揺する

ことがあります。また、自閉症社員が別の上司に報告するよう求められた
り、新しい同僚が現場にやってきたりするような人事的な変化も混乱を招
くことがあります。

> 「私が『移行』の不安を最小限に抑えるのに役立っているのは、
> 可能な限り、スケジュールの変更やミーティングを事前に知らせて
> もらうことです。締め切り直前になって、頭の中で計画していたこ
> とと違うことを要求されると、不安がかなり大きくなります」

　スケジュールの変更も問題です。ほとんどの人は、会議の開始が 15 分
遅れたとしても、メールの返信やコーヒーのおかわりで時間を埋め、変更
によって予定が合わない場合は早めに退席して、容易に調整することがで
きます。しかしながら、ほんの小さな変化に見えるようなことでも、その
変化に対応することは、自閉症社員にとって容易なことではありません。
もしある活動から別の活動への移行が困難な場合（第 9 章で説明）、自閉
症社員はさらに二つの移行に直面することになります。一つは一時的な活
動への移行で、もう一つが反対に会議の開始への移行です。また、会議の
後、特定の時間に仕事を始める予定にしていた場合、その仕事を遅らせな
ければならなくなり、不安になることもあります。ほとんどの場合、自閉
症社員は遅れたことについて文句を言いながら会議に参加するでしょう。
同僚は、「なぜ、そんなに大げさに騒ぐのか」と不思議に思ってしまいま
す。
　自閉症社員にとって、変化には受け入れることが難しくさせる何があるの
でしょうか？　自閉症にありがちな柔軟性のなさ（第 10 章で説明）は、
確かに要因の一つです。しかしながら、自閉症の専門家の中には、変化に
対する抵抗は、自閉症の世界の捉え方が過度に細部にまで及んでいるため
ではないかと推測する人もいます（第 12 章で述べます）。これまでも述べ
たように、自閉症者は細部にこだわり、「全体像」が見えにくく、類似点
よりも相違点に気づきやすい傾向があります。自閉症者にとっては、何か
の相違があれば、全体の認識も変わってしまうのです。家具の一つが数セ

ンチ移動したとか、ルーチンからのちょっとした逸脱など、細部のわずか
な変化が、過去の経験や記憶から蓄えた概念と正確に一致しなくなり、自
分が何を求められているのかわからなくなり、混乱やフラストレーション、
不安を感じることがあるのです[56]。

　もし、その変化がより大きなものであれば（たとえば、別の仕事場への移
動、仕事環境の変化）、自閉症社員はしばらく調子を崩し、オフィスの背景
音などの感覚過敏の影響を受けやすくなるかもしれません。また、普段は
簡単にできる仕事でも、調整するまでは苦労することがあります。自閉症
社員が変化に対応できるように、前もって対処し、できる限り多くの情報
を提供しましょう。自閉症社員は雇用主であるあなたにとって取るに足ら
ないように見えるかもしれない情報を求めるかもしれません。しかし、そ
の自閉症社員が認識しているすべての違いにどのように対処するかを調整
しようとしている可能性が高いことを念頭に置いておきましょう。そして、
変更されていないものに焦点を当てるために自閉症社員に働きかけましょ
う。

　変化に対する抵抗感が強いため、自閉症社員は仕事の過程や手順の修正
を求められたとき、特にその要求が恣意的または行き当たりばったりであ
ると考える場合は、頑なに拒否することがあります。自閉症社員は、自分
の仕事が「全体像」の中でどのように位置づけられるのか、どのように利
用されるのかを理解していない可能性があることを念頭に置いてください
（第10章参照）。そのため、その変更を関係ないと解釈したり、間違いに
つながると感じたりする可能性があります。自閉症者は一般に、確かな証
拠や理由づけに最もよく反応するので、「私が頼んだのだからやりなさい」
と言うよりも、「なぜ」その変更が必要なのかを説明する方が効果的です。

　自閉症者にとって、ルーチンは、不安や仕事上のプレッシャーがあると
きに、コントロールを確立したり、ストレスを管理するために大きな役割
を果たします。ルーチンが変わると、また準備や勉強をしなければならな
いので、イライラすることもあるようです。一般に、社員が新しいことに
挑戦することは有益なことですが、変化のための変化だけでは、その社員
が自閉症である場合、意図したプラスの効果を得られないことがあります。

感情抑制

　変化や中断などの状況が自閉症者を動揺させたり、苛立たせたりすると、感情抑制という実行機能に問題があるため、行動を制御したり、衝動をコントロールすることが難しくなることがあります。本章の冒頭で述べたように、感情抑制は、圧力弁のように、感情をどれだけ出すかを調節します。しかしながら、自閉症者は「オンとオフ」のスイッチしかない傾向があります。

　　　「アスペルガー症候群者は 1 か 10 のどちらかです。怒るときは
　　　怒るし、怒らないときは怒らない。その中間がないのです」

　自閉症者の感情抑制が弱くなると、自制心全般に影響を及ぼし、小さなことで感情に影響してしまい、その積み重ねられた影響を避けることが難しくなる場合があります。ストレス、フラストレーション、割り込みや、何かを変更する要求、その日に起こった出来事について考えることに対する怒り、これらはすべて感情抑制を失う要因となります。

　自閉症社員は、自分の行動や感情の爆発をコントロールすることに精一杯ですが、それを行うには多大なエネルギーが必要です。日々直面する問題に対処することで、精神的なバランスを保つために必要なエネルギーを使い果たしてしまうことがあります。そのため、イライラなどの否定的な感情を一時的に解消するために、暴れたり、パニックになったりすることがあります[57]。

　また、感情抑制がうまくいかないと、他人の感情に過剰に反応したり、状況の大きさを歪めてしまったりすることがあります。自閉症社員は、複数の仕事をこなそうとするときや、上司が矛盾した優先順位を設定したときに、それを見失う傾向があるかもしれません。また、うるさすぎる環境など、感覚的な過負荷（第 13 章で説明）もフラストレーションを募らせ、自閉症社員を動揺させる原因となります。

　自閉症者は、自分の中で高まっている不満を表現できないかもしれませんが、身体的な変化によって、感情の爆発が近いことを知らせているかも

しれません。

> 「顔が赤くなったり、目が回ったりするのは、休息が必要だ、ど
> こかに行って心を落ち着けたいというサインなのです。そうすれば、
> また戻ってきて、それまで話していたことについて話すことができ
> ます。でも、この状況から離れる時間を与えてほしいんです」

　自閉症社員の感情的な反応は、時にどこからともなくやってくるように
見えることがあり、同僚は「どうしたんですか？」と尋ねることになりま
す。自閉症者は、自分の感情を把握することが難しく、さらにそれを言語
化することが困難な場合があります。自分の感情の微妙な違いを見分ける
ことができず、不安を含むあらゆるネガティブな感情のレベルが高いと、
それを怒りと解釈してしまうことがあります。自閉症者が「自分の気持ち
がわからない」と言った場合、それは文字通りの意味である可能性が高い
ことを心に留めておいてください。

　自閉症社員が動揺したり、イライラしたり、怒ったりしているとき、
叱ったり、「何でもないことで大騒ぎしている」とコメントしたり、「落ち
着きなさい」と言ったりしても、自閉症社員は自分の感情を落ち着かせる
ようにすることはほとんどできません。短い散歩をしたり、自分の持ち場
に戻ったりすることを提案して、回復と再調節の時間を与えます。その後、
状況と、今後同じことが起きないようにするためにどうしたらよいかを冷
静に話し合います。

何事も対応が困難な自閉症社員には
どう対処すればいいのでしょうか？

　不安、変化、感情抑制に関する問題に対処する場合、自閉症者の否定的
な反応は、本人のコントロールが及ばない場合があることを忘れないでく
ださい。自閉症社員が職場で感じる不満や怒りのよくある原因を理解する
ことは、その影響を軽減し、状況を悪化させないことに大きく貢献します。
　「不安」は、定型発達者の行動や考え方を理解するのに苦労しており、

彼らの世界に自分を合わせようと常に努力している自閉症者に共通する問題です。（前の章で述べた）仕事の遂行能力上の問題は多くの不安の原因であるかもしれません。というのも、自閉症社員は良い仕事をしたいと思っているので、悪い評価を受けたり、解雇されたりすることを恐れるからです（その心配が正当なものかどうかは別として）。前述したように、自閉症社員は以下のようなさまざまな理由で不安になることがあります。

・何が期待されているか理解できない
・期待したほど速く、または効率的に仕事ができない
・複数の人から同時に要求される
・批判を受ける

　自閉症社員の中には、不安を感じても、その理由がわからないことがあります。初期段階では自分が無理をしていることに気づかないこともあるので、不安や焦燥感が強くなっていることに気づいたら、介入することが大切です。自閉症社員は「白か黒か」の思考になるため、ゆがんでくる可能性があることを念頭に置き、以下のように自閉症社員の不安の原因を探ってみます。

・その不安は仕事と関係がありますか？
・社会的な状況やこれから起こる社会的な出来事にどう対処したらよいか不安なのでしょうか？
・衝動をコントロールすることに不安を感じているのでしょうか？
・誰かが叫んだり、他の強い感情を示したりしたときに、彼は過度に影響を受けたのでしょうか？

　また、過度の騒音や光、その他の感覚的な入力にさらされることも、不安のレベルを上げる原因となります（このことは第Ⅳ部で詳しく説明します）。不安がエスカレートしないように、自閉症社員がストレスの多い状況や話し合いから一時的に離れるために、散歩や小休止をして、気持ちを

整理させるようにします。

　どのような変化でもそれに対応することは困難ですし、仕事の世界では物事が予想通りに運ばないことを自閉症社員が理解するのは難しいことなのです。新しく採用された社員には、雇用環境には変化がつきものであること、さまざまな利害関係者の思惑がいつでも変化し、一般的には程度の差こそあれ、以下のようにすべての社員がいつかは対処しなければならない混乱が生じることを説明してください。

・スケジュール変更については、可能であれば自閉症社員に事前に通知し、優先順位を確認し、それに応じて残りのスケジュールを調整するよう指導します。
・直前の会議変更については、数分の休憩時間を取るなど、遅れの長さに応じて自閉症社員が従うことのできる選択肢のリストを提供します。
・別の仕事場への移動、上司の交代など、より大きな変化がある場合は、自閉症社員が変わらないものを確認し、何が変わるかを説明し、心配に対処するために協力してあげましょう。

　自閉症社員が、たとえそれが些細なことであっても、変化について質問することを許可しましょう。自閉症者にとっては、些細なことの違いが最も大きな不安を引き起こす可能性があることを心に留めておきましょう。

　自閉症社員に今までの手順やプロセスを変えるように頼むと、反論したり拒否したりすることがあります。それは、不安の種になると予想することに対し支配権を維持しようとしているからです。自閉症社員は意地を張ったり、逆らったりしているわけではないことを心に留めておいてください。自閉症社員に今までのやり方を変えるように要求する場合、古いやり方を「学習していないもの」として新しいやり方を学ぶ計画を立てなければならず、これには多大な認知エネルギーが必要なのです。もう一度、何が変わらないかを強調し、その変更を、それが何を達成するのかという「全体像」の一部として説明します。

　自閉症社員は、一日中絶え間なく続く割り込みやちょっとしたルーチンの変化から、不満や怒りが蓄積し、感情抑制ができなくなることがあります。状況を説明してもらう前に、彼にクールダウンする機会を与えてください。「15 分休憩しましょう」「外を散歩しましょう」「落ち着ける場所に行きましょう」などを提案するといいでしょう。そうすることで、自閉症社員に気持ちの回復と再調整のための空間と時間を与え、感情をエスカレートさせないようにすることができます。

　私たちのほとんどは、感情を出す量を圧力弁のようにコントロールできる内部メカニズムを持っていますが、自閉症社員の感情はすぐにエスカレートしてしまう可能性があるのです。しかしながら、必要なときに自分でタイムアウトできるように静かな場所（カームダウンエリア）を指定し、社会的な期待や要求を受けることなくストレスを解消しリラックスできるようにして、自閉症社員の感情抑制を促すことができます。もし、常にコントロールを失うようなことがいくつかあるなら、自閉症社員と一緒に「虎の巻」を作成し、それぞれの状況と、イライラや不安を抑えるためにできる前向きな考えや行動を一緒にリストアップして、リマインダーとして活用します。

関連する章

　　・第 9 章　時間管理
　　・第 10 章　仕事の質
　　・第 13 章　感覚過敏

事例 11.2 この仕事は、彼には荷が重いのだろうか？

彼女はバースデイパーティは苦手みたいね。

この事例に含まれるトピック

・理由もなく引きこもってしまう
・週の半ばには疲れているように見える
・時間外勤務や在宅勤務を希望する

このような場面に遭遇したことはありませんか？

・ある社員が週の半ばになると疲れているようで、在宅勤務を希望している……。そして、「この仕事は、彼には荷が重いのだろうか？」とあなたは思います。
・社員の一人が、部署のボランティア活動への参加を拒否しています。

根本的な問題は何なのでしょうか？

職場での面談や社会的要求

　自閉症社員の場合、仕事をうまくこなしながら、人とのかかわり、実行機能、感覚の問題（第Ⅳ部で取り上げます）などの課題に対処するため、1日の仕事を乗り切るには、特別な努力が必要です。

　多くの企業では、社員間の調和のとれた人間関係によって職場環境が左右されるため、組織の目標を達成するために、職場で顔を合わせること、すなわち「面談」が必要とされています。職場の社会的側面のルールをナビゲートすること（第Ⅱ部で説明）は、多くの自閉症者にとって混乱とストレスのもととなり、職場の人々との日々の交流で疲れ果ててしまうかもしれません。

> 「私は、週の半ばには人と接することで極度の疲労を感じるようになります」

　職務をこなしチームで仕事をする中で、常に情報が流れているのは、社会的な人とのかかわりにも依存しています。自閉症社員は、同僚や上司のニーズを解釈しようとし続けることでエネルギーを消耗してしまうため、「充電」のために他の人よりも一人の時間が必要なのです。自閉症者の中には、感情コントロールの手段として、人とのかかわりを一定期間控える人がいます。人との接触が少ないということは、対処すべきストレスがより少なくなる可能性があるということです。たとえば、自閉症社員は、昼食を一人で食べたり、職場に関連するその他者との集まりを避けたがるかもしれません。

感情的疲労

　自閉症の人の中には、普通に見えるように努力し、その人の神経学的多様性の一部である行動を隠そうとする人がいます。これを「クローキング（偽装）」と呼びますが、自閉症者をかなり疲弊させます。たとえば、過去に過度の笑顔や声のトーンについて批判されたことのある自閉症社員は、

会議中に自分自身を意識して見直す必要があるからです。ストレス解消の
ために椅子を過度に揺らすなどの反復運動をする自閉症社員は、その行動
を抑えようとするあまり、かえってストレスを大きくしてしまうことがあ
ります。このような行動を人目に触れず行うことができる場所を提供した
り、短い休憩を取らせたりすることで、自閉症社員は一日中リラックスし
て生産性を維持することができるかもしれません。

　　「疲れてしまうのは、仕事中に猛烈な集中力を発揮して、エネル
　　ギーが尽きてしまうからだと思います」

　自閉症社員は、仕事をする上で、仕事に集中しすぎたり、仕事中に頻繁
に話しかけられたり複数の人からの要求を同時に処理しなければならない
ときなどのさまざまな面で疲弊してしまうことがあります。変化に対応し
なければならないとき（事例11.1で説明）、自閉症社員は、それまでの学
習を元に戻し、新しい計画を立てるのに必要な精神的エネルギーによって
消耗することがあります。また、変化があるかもしれないという予測から
生じる不安にも対処する必要があります。

　　「アスペルガー症候群社員が職場にいる場合、雇用主が注意しな
　　ければならないことの一つは、彼らには（我慢できる範囲の）『閾
　　値』があり、その『閾値』は時として非常に低くなることがあると
　　いうことだと思います」

　もちろん、どんな人でもそうですが、疲れているときは、自分の感情を
コントロールすることがはるかに難しくなります。すでに感情抑制が苦手
な自閉症社員の場合、感情が枯渇するとさらに「我慢」することが難しく
なるため、少し散歩をしたり、誰もいない職場のスペースに行ってみるな
ど、ストレスのかかる状況から自分を解放する方法を持つことが重要です。
精神的な疲労を避けるためには、計画的に休憩を取ることを提供しましょ
う。具体的には、水分を補給するために持ち場を離れたり、さまざまな仕

事をローテーションでこなすなどもいいでしょう。

シャットダウンと閉じこもり

　自閉症者は、環境中のあらゆる刺激が圧倒的に多い場合に過敏になる傾向があります。第 13 章で説明するように、これは光、音、匂いなどの感覚入力に対する敏感さが原因であることが多いのです。感情的な体験も強まり、自閉症社員は圧倒され、不安や恐怖を感じるようになります。

　事例 11.1 で述べたように、感情コントロールの喪失は、感情抑制の困難さと関連しており、多くの場合、1 日の間に複数の不満や不安の原因が蓄積され、その結果、感情的に爆発したりパニックに至るという反応につながります。一方、「シャットダウン」とは、環境に圧倒されたときの反応で、脳が過負荷になる前に自己防衛のために反応を閉ざしてしまうことです。自閉症者が「シャットダウン」すると、脳の処理が止まって短い間「ぼーっと」します。会話に集中できず、無表情になったり、固まったり、混乱しているように見えることもあります。

　自閉症社員が「シャットダウン」しているように見えるときは、本人のコントロールが及ばない身体的な反応であることを心に留めておいてください。たとえば、太陽が眩しすぎるとき、人は目を閉じたり、遮ったりします。太陽から目を遮ることを我慢するのは、とても不快でしょう。自閉症社員が「シャットダウン」しているのを見ると、もっと大きな声で話したり、ジェスチャーで注意を引いたり、彼の態度をさっと変えようとしたりするのが自然な反応ですが、一般的にはほとんど効果がありません。その場合、自閉症社員の集中力を取り戻すために数分間の時間を与えることが賢明です。

柔軟性のないスケジュール

　前述したように、自閉症社員は対人関係や定型発達者の職場の日々の活動を乗り切るストレスからの休息をしばしば必要とします。仕事中に短い休憩を取るだけで十分な自閉症社員もいれば、最高のパフォーマンスを発揮するために、人付き合いや中断されるのを避けて集中的に時間を取る必

要がある自閉症社員もいます。

　グローバル化が進み、多くの企業が複数の時間帯で仕事を展開するようになったとはいえ、9時から5時、月曜日から金曜日までの標準的な労働環境という考え方は、まだまだ一般的なものとして残っています。職場で精神的に疲弊している自閉症社員の場合、5日間も仕事をこなすために必要なエネルギーを維持しなければならないと、生産性が低下してしまう可能性があります。さらに、このような努力を積み重ね続けると、精神的に疲弊し、平常心でいることが難しくなるかもしれません。

　　「毎週金曜日は疲れているので、とてもとても大変な日なのです。
　　そして、疲れていると、アスペルガー症候群の特徴のいくつかを克
　　服することができないのです」

　多くの企業は、フレックスタイムや在宅勤務（テレワークなど）などの戦略が、自閉症社員を含むすべての従業員の生産性の向上に大きく貢献することを見出しています。職場の柔軟性を高めるためには休憩時間を設定することもあり、そうすることによって、自閉症社員は自分の気持ちのバッテリーを充電したり、ストレスを解消したりすることができます。この柔軟性は、仕事のプロジェクトのスケジューリングにも応用でき、仕事と仕事の間の移行や中断を最小限に抑えることができます。会議など、特定の仕事で同僚との長時間の交流が必要な場合、上司は毎週1日、交流が必要ない、または最小限の交流にとどめる日を設定することができます。

　　「多くの人とかかわらない日が1日あることで、それに伴うスト
　　レスが軽減されるんです」

　自閉症社員の場合、同僚より早く、もしくは遅く出社・退社するようにスケジュールを調整する機会を与えることで、多くの職場で1日の始まりと終わりにある社交的な交流や、通勤のピーク時に移動するストレスを回避することができるかもしれません。

　もし自閉症社員が何度も在宅勤務を希望するのであれば、（仕事そのものから生じるものではなく）一般的に物理的な職場環境からの休息が必要であり、時折在宅勤務をすることが有益かもしれません。たとえば、複雑で長時間を要するレポートを作成しなければならない研究者は、職場で常に中断されることを避けるために、週に 1 日自宅で仕事をすることができるとよいでしょう。

　一般的に職場の柔軟性というと、社員がいつ、どこで働くかということを連想しますが、仕事の割り当ての柔軟性を指すこともあります。たとえば、上司は、自閉症社員が中断することなく多くの仕事を完了できるようにスケジュールを組むことができます。また、かなりの集中力を必要とする仕事は、自閉症社員のエネルギーが精神的に最も高い時間帯に行うようにスケジュールすることもできます。

　自閉症社員の場合、仕事のやり方に柔軟性があれば最高のパフォーマンスを発揮できるかもしれないけれども、いったん合理的配慮が決まれば、それを構造化された方法で行う必要があることを心に留めておいてください。たとえば、もし自閉症社員が会社で仕事を中断されない日が必要なら、特定の曜日を指定して、その時間枠でどんな仕事ができるかを指定する方が、単に「家で仕事をする日を作ってください」と指示するよりも効果的です。

適材適所

　どんな仕事にも人とかかわる要素と仕事の遂行能力の要素があり、自閉症社員のためにこれらの領域の問題に取り組むことは、上司の「これは適材適所となっているのだろうか？」といった問いにつながるかもしれません。多くの点で、自閉症社員にとっても、他の社員にとっても、それに対する答えは変わりません。「この仕事の要件は、この社員の能力とスキルに合致しているか」どうかです。さらに考慮すべきは（本書の焦点でもあります）、「自閉症に関連する社員が抱える問題は『合理的配慮』がなされるべきか」ということです。

　自閉症というのは、さまざまな特質や程度の長所と問題を所持している

「スペクトラム」であり、すべての自閉症者に適合する単一の「プロファイル」は存在しません。自閉症社員の中には、かなり外向的で多くの点で効果的なコミュニケーターである人と、限られた人付き合いが必要なときだけ最もうまく対応できる人がいます。また、自閉症社員の中には、組織化が得意で細かいことにこだわる人と、逆にそうでない人がいます。また、刻々と変化するスケジュールや、職場での同僚上司との大量のやりとり、仕事の要件や優先順位の変化などへの柔軟な対応に苦労している人もいるかもしれません。

　上司が、自閉症社員の職務遂行に支障をきたす特定分野の問題に気づいたとき、その職務は適していないと考えるのは自然な反応です。たとえば、接客業では、不満を持つお客様に対応したり、お客様の話を聞きながら同時にコンピューターに問題の詳細を記録しなければならないことがあります。

　技術的な専門知識を生かした仕事は得意でも、一般的に対人関係スキルや実行機能のスキル、「全体像」の把握、意思決定が重視される管理職的な仕事になると、非常に苦労する自閉症社員がいます。その他、自閉症社員に影響を与える可能性のある仕事には、以下のようなものがあります。

- 複数部署やチームでの人とのかかわり、あるいは顧客とのやりとり
- 複数のプロジェクトを同時に進め、相反する課題をこなすこと
- 常に変化する優先順位やスケジュールへの対応
- 他のプロジェクトや手順に影響を与える可能性のある決定をすること
- 異なる場所での作業
- 「面談」の機会が多い、または付き合いが多い

　すべての従業員がそうであるように、雇用関係を成功させるためには、個人の専門性に適した仕事をすることが重要です。自閉症社員は、あらゆる種類の仕事で貴重な貢献ができます。しかしながら、どのような合理的

配慮や指導方法を実施したとしても、彼らが苦労し続けるような仕事に従事させることは、自閉症社員だけではなく雇用主のためになりません。とはいえ、時には、自閉症の特性に関する社員の問題が、当人の職務の必須要件を満たす能力に大きな影響を与えているかどうかを評価することが必要な場合もあります。もしそうであれば、それにどう対処するかを決定しましょう。

　その自閉症社員が職務の必須要件を満たしていないと判断した場合は、その社員の能力目録を作成し、当該社員に適した職務を職場内の他の場所で探すようにします。他に適切な職務がない場合、必ず解雇に関する会社の方針と手続きに従い、その判断に至った自閉症社員の能力とのギャップを当人に説明します。

仕事で精神的に疲弊しているような自閉症社員にはどのように対応すればいいのでしょうか？

　自閉症社員が人とのかかわりや「実行機能」の問題を日常的に管理するために必要な努力は、彼を精神的に疲れさせるかもしれません。自閉症社員の仕事の生産性に影響を与えるだけでなく、感情を制御することを難しくする可能性があります。雇用主であるあなたは、さまざまな方法で、自閉症社員に以下に示すような方法で「(精神的) 充電の機会」を与えることが必要です。

- ・自閉症社員が仕事の負荷が重くなったとき、静かに落ち着ける場所（カームダウンエリア）を提供します。
- ・頻繁に仕事を中断されたり、同時に複数の人からの仕事を要求されたりすることを制限するようにします。
- ・同僚と昼食をとることや、職場に関連する社交の場に出席することを強要せず、必要なときには社会的接触から遠ざかることができるようにします。
- ・1日の仕事の中に、短い休憩の予定を組み込みます。
- ・「面談」が必要な職場設定を制限します。

　自閉症者は、仕事の負荷がかかりすぎると、「シャットダウン」したり、脳の処理が止まってしまい、何も反応できなくなる間が出てきます。「シャットダウン」するのは、自閉症社員のコントロールが及ばない身体的な反応なので、集中力を取り戻すために数分待ってあげてください。

　自閉症社員が、適切なときに、いつ、どこで、どのように働くかを柔軟に調整できるようにすることは、非常に効果的な合理的配慮です。自閉症社員が毎日何を期待されるかを知ることができるように、どんな調整も一貫性に留意して実施されるべきです。もし自閉症社員が人付き合いの多さや仕事を中断されることの多さで消耗しているのであれば、週に1日、自宅で仕事をすることを許可してください。その曜日を決めて、雇用主であるあなたがやってもらいたい仕事の概要を明確にします。自宅から職場への移動にまつわる困難を最小限にするため、自宅でもできる仕事を勤務時間内に割り当てるのです。自閉症社員の始業時間を同僚より早く出社するように変更しましょう。人付き合いの機会を減らすことができます。

　最後に、他の社員にするのと同じように、自閉症社員が自分の能力に合った仕事に就いていることを確認し、自閉症に関する問題を仕事のできなさだと誤解しないようにしましょう。

関連する章

　　・事例 11.1
　　・第 13 章　感覚過敏
　　・第Ⅱ部　職場における人とのかかわり
　　・第Ⅳ部　職場での感覚の問題

感情抑制：合理的配慮のまとめ

　どのように感情の表し方をコントロールできるかという能力を「感情抑制能力」といいます。自閉症者にとって、感情抑制能力は実行機能の問題の一つとなりえます。明白な理由もないのに、過剰に反応したり、不安や

不満、イライラを感じたりすることがあります。

　「不安」が、ほとんどの自閉症者にとって最大の感情抑制の問題となります。人間関係で失敗をしたことがある、非言語的な合図を読み違えたことがある、優先順位を間違えたことがある、「全体像」を見落としたことがある、などの経験がある人は、当然ながら緊張しやすく不安が生じるようになります。それに加えて、いい仕事ができない、解雇されるといった心配もあり、自閉症社員は「不安」を抑えるのに苦労することが多いのです。そのため、職場環境にちょっとしたズレが生じると、すでにストレスが高まっている自閉症社員は感情抑制ができなくなってしまうことがあるのです。

　ほとんどの職場環境では、チームを組んで行う仕事、同僚との昼食、誕生日パーティー、ボランティアの日、休日の集まりなど、私たちの多くが当たり前に思っている、人とかかわる活動が社員に要求されています。多くの自閉症社員は、職場での人とのかかわり要求を乗り切るために対処法を身につけてきていますが、その努力の結果、疲れ果てていることに気づきます。自閉症者の中には、自分の「神経学的構造」の一部である行動を隠したり、見せないようにして、「普通に見える」ように多大な努力を払っている人がいます。これもまた疲れることで、多くの自閉症者は一日中感情を制御し続けることができなくなります。その結果、自分を落ち着かせ、集中力を回復させるために、「シャットダウン」したり、引きこもったりする自閉症社員もいます。

　自閉症社員が以下のような行動を示すとき、不安や感情抑制の問題を呈している可能性があります。

　　・些細な出来事に過剰に反応する
　　・疲れているように見える
　　・「シャットダウン」をする、または引きこもる

　研究調査によると、ストレスは、常に欠勤理由のトップ10の一つに挙げられています。職場のストレスを軽減することにより、すべての

社員に利益をもたらし、雇用主のコストを削減し、一般に健全な経営
となります。

　自閉症社員の不安を軽減することで、感情の安定を保ち、能力を最大限
に発揮できる可能性が高まります。自閉症社員は、不安を感じても自分で
はその理由がわからないことがあるので、不安の原因を探ってみましょう。

・その不安は仕事と関係がありますか？
・社会的な状況やこれから起こる社会的な出来事にどう対処したら
　よいか不安なのでしょうか？
・衝動をコントロールすることに不安を感じているのでしょうか？
・誰かが叫んだり、他の強い感情を示したりしたときに、彼は過度
　に影響を受けたのでしょうか？

　自閉症社員は自分独自の対処法を見出すでしょうが、雇用主は、特に変
化を苦手とする自閉症の場合、不確実性の部分を減らし、感情の安定を維
持できるような次のような方法で対応することができます。

・自閉症社員が変化に対応できるように前もって対処し、できる限
　り多くの情報を提供しておきましょう。
・なぜ変更が必要なのかを説明し、本当に必要な場合のみ、自閉症
　社員のルーチンを変更するようにします。
・エスカレートを防ごうとして自閉症社員に「何でもないことで大
　騒ぎしている」とか「落ち着くように」と言わないようにしま
　しょう。自閉症社員の不安を理解し、短時間の散歩や休憩を提案
　するなどして、気持ちの回復と調整する時間を与えてください。
　後日、冷静にその状況や、仕事の要件で再発防止策を話し合いま
　しょう。
・自閉症社員の職業能力と仕事の要件をうまくマッチさせましょう。

　人とのかかわり、「面談」、職場での要求に疲弊しているように見える自閉症社員には、次のように気持ちを落ち着かせる、気持ちを充電する時間を確保するために調整させることが非常に効果的です。

・必要なときに自閉症社員が休息を取ることができるように、職場内に静かな場所を用意しましょう。
・1日の中に、自閉症社員のための短い休憩時間を組み込みましょう。
・自閉症社員が同僚との昼食や人とかかわる義務ではない活動に参加しないことを選択しても、許容しましょう。
・可能であれば、柔軟な勤務体系や在宅勤務の時間を確保しましょう。仕事間の移行や変更に伴う困難を最小限にするため、スケジュールの調整は計画的かつ一貫したものにしましょう。

　他の社員にするのと同じように、自閉症社員が能力に合った仕事に就いていることを確認し、自閉症の特性に関する問題を仕事のできなさだと誤解しないようにしましょう。

職場での感覚の問題

12 職場における感覚の問題の紹介

感覚処理は自然発生的なものなので、あまり意識することはありません。私たちは、五感で感じるすべての情報に気づくことはほとんどありません。なぜなら、私たちは、自分の置かれている状況に応じて重要なものに注意を払い、それ以外のものは概して無視しているからです。たとえば、会議中に窓の外で車のクラクションが鳴っても、ほとんど気づかないでしょう。一方で、自宅で空港への送迎サービスのタクシーを待っているとき、車のクラクションを聞くと、ほとんどの場合、すぐに反応してしまうでしょう。

職場は、プリンターやコピー機の音、話し声、職場の照明やパソコンの画面、休憩室で淹れるコーヒーの香りや同僚の香水など、さまざまな感覚的な刺激に満ちています。一般に、これらの潜在的な感覚刺激による妨害のほとんどは、仕事をしている間に意識から遠ざかっていきます。しかしながら、自閉症社員は職場の感覚刺激要素をフィルターにかけることが難しく、それらに気を取られてしまうことがあります。たとえば、ある自閉症社員は、蛍光灯の音やちらつきが気になったり、話しかけてくる人の声と周囲の音の区別がつかなくなったりすることがあります。言うまでもなく、こうした感覚的な問題は自閉症社員を圧倒し、仕事の出来に影響を与える可能性があります。

私たちは世界をどのように認識しているのでしょうか？

自閉症研究者のオルガ・ボグダシナ氏によると、「世界の捉え方は、その人の情報の保存の仕方や活用の仕方に影響を与える」そうです[58]。定型発達の人の脳は、五感からの入力を調整し、状況の文脈に基づいてフィルタリングし、関連する情報に焦点を合わせます。そして、「心の理論」「中枢性統合（全体像の把握）」「実行機能」などの認知過程が、状況の文脈や過去の経験に応じて情報を解釈し、その結果、その人が何を考え、どのように行動し、どの程度うまく仕事ができるかに影響を与えるのです（図12.1参照）。

たとえば、上司から情報の要求を受けた社員は、上司が話していること

図12.1　知覚と認知過程

や声のトーン（職場内の他の音は無視して）、表情（服装よりも）に注目する
ものです。その社員は、上司がその要求を緊急に考えていることを（心の
理論によって）理解し、できるだけ早く上司に情報を提供しようとします。

感覚の問題と自閉症

　自閉症者は、定型発達の人と同じ感覚入力をしますが、それをどう処理
するかは大きく異なる可能性があります。感覚刺激をフィルタリングする
手段を持っていないため、職場の音や光、匂いに気を取られたり、圧倒さ
れたりすることがあるのです。

　感覚過敏は、自閉症の診断に用いられる基準の一部ですが[59]、その種
類や程度は個人によって異なります。感覚入力に対する感受性は脳神経学
的なものであり、自閉症社員は時間の経過とともに特定の感覚刺激に対す
る感受性を低くすることを学ぶかもしれませんが、その反応は一般に本人
のコントロールの及ばないものなのです。

　自閉症者が感覚情報をどのように処理するかは、他の多くの認知過程に
影響を与える可能性があります。たとえば、どの部分が重要なのかを判断
できないため、状況の要点を把握する能力に影響するかもしれません。人
の声を聞いている間は視線を合わせないなど、一つの入力チャンネルにの
み注意を集中させたり、あるいは関係のない細部に集中したりすることが
あります。

　知覚する上で不完全であったり、欠落していたり、または損なわれてい
たりする場合は、自閉症者の認知過程の一部に悪影響が出ます。その結果、

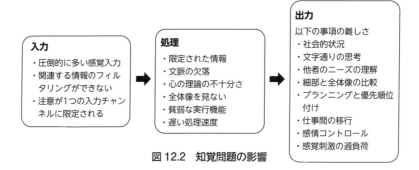

図 12.2　知覚問題の影響

不適切な社会的行動や仕事の遂行の難しさ、および感情をうまく抑制できなくなる可能性が出てくるのです（図 12.2 参照）。感覚入力が圧倒的に多い場合、感覚過敏になることがあります。

職場における代表的な感覚の問題

自閉症社員が抱える感覚的な問題は以下の通りです。

- 蛍光灯や強い照明に敏感
- 職場特有の音（例：プリンター、コピー機、人の話し声）に気が散らされる
- 匂い（食べ物、香水、その他の典型的なオフィス臭など）に関する不満を言う
- ストレスがかかると、異常な反復行動を示す
- 暗いところに座るか、いつもヘッドホンをしていたい
- 職場内の騒々しさに圧倒される

感覚の問題の開示と合理的配慮

感覚の問題は、気が散って疲れるものです。自閉症と診断された多くの人たちは、自分の感覚的な課題、ならびに気を散らせることなく仕事に従

表 12.1　感覚の問題に対する合理的配慮

	定　義	例
理解	自閉症社員の視点から感覚の問題を見る方法	自閉症者は蛍光灯の音やちらつきに気を取られることが多い
方略	利用できる簡単な方法	ノイズキャンセリングヘッドホンの装着や蛍光灯の白熱電球への交換を許可する

事し、最大限の仕事能力を発揮するのに必要な配慮を認識しています。しかしながら、上司は感覚の問題が自閉症社員にどのように影響するか、また、自閉症社員がそれに対してどのように反応するかを理解することが重要です。「合理的配慮」は、ほとんどの場合、簡単にできるものであり、職場環境を自閉症社員に配慮して感覚過敏に対処するのを助けるよう修正する方法などがあります（表 12.1 参照）。

　次の章「感覚過敏」では、感覚の問題に関連する最も一般的な行動と、それに効果的に対処するためのさまざまな対応策について説明します。

13 感覚過敏

　第12章で述べたように、五感は環境から入ってくる刺激を振るい分け、それを脳が解釈しています。一般に、脳内にある選別装置により、その時々の状況に応じて最も重要で関連性の高いものだけに注意を向けることができるため、自分を取り巻くすべての感覚情報を意識することはありません。たとえば、交通量の多い道路で会話をしていると、相手の声に集中し、交通音や通行人などの街の音に注意が向かなくなりがちです。しかしながら、自閉症者の場合、脳が受け取っている他の余計な声や音などのノイズから相手の声だけを選ぶことができず、相手の話に集中することが難しくなる場合があるのです。自閉症者が、他者の目を見ることで得られる視覚情報と、その人の話を聞くことで得られる聴覚情報という、二つの感覚入力を両立させようとすると、とりわけ困難になる可能性があります。彼らは、どちらか一方に集中することはできますが、両方を同時にすることはできません。その結果、第6章で述べたように、会話中にアイコンタクトをとらないという典型的な症状が起こります。

　忙しい職場における視覚刺激、音、匂いなど、さまざまな感覚刺激を、脳はその状況に応じて最も重要なものに注意を払いながら処理する必要があります。しかしながら、自閉症社員は、感覚の入力の仕方が異なり、これらの感覚を同じ強さで感じることがあります。そのため、感覚過敏になり、目の前の仕事に集中できなくなる可能性が高くなります。ほとんどの人が無視するような視覚、聴覚、嗅覚の刺激に対する感受性が、自閉症社員にとっては常に邪魔になり、自分がやっていることに常に注意を向け直さなければならない原因となるのです。

　自閉症者の感覚の問題で最も一般的なのは、以下のようなものです。

　　・蛍光灯や明るい光に対する過敏性
　　・特定の音に対する低い耐性
　　・香水や匂いへの極端な反応

　この章では、職場の感覚的側面が自閉症社員に与える最も一般的な影響と、感覚過敏に対応するために用いる適切な行動を取り上げます。また、

自閉症社員にやさしい職場環境を実現するための簡単な合理的配慮についても取り上げます。

<u>肯定的な側面</u>

・感覚過敏に関する問題にはたやすく合理的配慮ができます。
・ほとんどの自閉症社員は、自分の感覚過敏を非常に意識しており、生産的に仕事をするための対処法を開発しています。

> この章を読み進める中で、すべての自閉症社員が、議論されているすべての行動を示すわけではないことを覚えておいてください。それぞれの自閉症社員は異なっており、自閉症に関連する問題もその人独自のものになります。

事例 13.1　彼の問題は何だろう？

（音や光、香水の匂いなどの）感覚に過敏のため苦しい思いをしている。

この事例に含まれるトピック

- ・照明に文句を言う、または暗いところに座っている
- ・ヘッドホンをつけて仕事をしたいと主張する
- ・オフィスの典型的な騒音に悩まされる
- ・あらゆる匂いが気になる
- ・触られるのが嫌い
- ・標準的でない持ち場を希望する

このような場面に遭遇したことはありませんか？

- ・コピー機の音で文句ばかり言う社員がいて、移動させてほしいと言います。「彼の問題は何だろう？」とあなたは思います。
- ・同僚が机で食事をしていると、ある社員がその食べ物がいかに匂うかを伝えます。

根本的な問題は何なのでしょうか？

　協力しやすく、コミュニケーションをとりやすいように設計された典型的にオープンな職場環境は、私たちの五感に襲いかかることがあります。しかし、私たちは、当然のこととして、周囲の雑音や気が散る可能性のあるものを遮断する能力を持っています。しかしながら、多くの自閉症社員にはこの能力がないため、職場の感覚刺激に気を取られ、圧倒されてしまう可能性があります。これらの感覚過敏は、これまでの章で述べた人とのかかわりや仕事上の問題に対処しなければならないプレッシャーと重なった場合は特に、自閉症社員の不安を増大させる可能性があります。

　自閉症者は感覚の問題を妨害として感じることがあるため、感覚刺激の問題への対処が仕事の遂行能力に影響を与える可能性があります。逆に、構造化された環境やルーチンを提供したり、変化を事前に伝えるなど、ストレスを最小限に抑える効果的な仕事の指導法は、自閉症社員が感覚の問題にうまく対処するのに役立つ可能性があります[60]。

　よって、自閉症社員が効果的に仕事ができるように、感覚過敏に対処する必要があるのです。上司は、自閉症社員がどのような感覚過敏状態となっているかを知り、これらの問題が彼らにどのような影響を与えているかを理解し、それに応じて配慮する必要があります。このような配慮には、感覚過敏を最小限にするために職場環境を変えることや、自閉症社員に影響を与える職場の感覚刺激を減らす方法を提供することが含まれます。

職場の明かり

　　　「蛍光灯は目にかなり負担がかかるので、なるべく使わず、白熱
　　　球のスタンドを使用しています」

　職場の蛍光灯は、点灯しているか消灯しているかを気にする程度で、あまり気にしていない方が多いのではないでしょうか。自閉症者など聴覚や視覚に敏感な人は、実は普通の人にはわからない蛍光灯の「音」が聞こえたり、ちらつきに気づいたりすることがあるのです。このことは目に負担

がかかり、非常に気が散るのですが、照明の問題は簡単に解決できます。

　蛍光灯から白熱灯への置き換えによって、聴覚と視覚の両方の感性に対応することができるようになります。野球帽やサンバイザーをかぶって光を遮断することによって、蛍光灯のちらつきが気になる程度の自閉症社員であれば十分対応できます。また、自閉症社員を自然光源の近くにある場所に移動させると、日中の頭上照明の必要性を減らすことができるかもしれません。

職場の騒音

> 「冷房が入ったときの換気装置の音、人の足音、机の上にペンを落とす音、キーボードの音、おしゃべりなど、すべてが私の集中力を削いでしまうのです」

　忙しい職場では、電話が鳴り、ファックスが鳴り、キーボードが鳴り、コピー機が回り、人々がおしゃべりをする、そんな音の不協和音が響いています。多くの人が仕事に集中しているとき、これらの音は背景へと消えていきます。しかしながら、自閉症社員は、それらをフィルタリングすることができず、仕事に集中できないことが多いのです。

　先に述べた蛍光灯の音や、プリンターやコピー機などの機器の音など、ちょっとした静かな音でも苦痛となることがあります。職場の音に敏感な自閉症社員の場合、不機嫌になることがあり、すでにストレスや不安を感じている場合、その反応が強まることがあります。

　職場の中で静かな場所に移動させることが不可能な場合、気が散る音を遮断する方法がいくつかあります。

- ・周囲の雑音を除去しながらも、自閉症社員が通常の会話のやりとりができるノイズ・キャンセリング・ヘッドホンというものがあります。
- ・イヤホン付きの音楽プレイヤーで音楽を聴くことで、周囲の雑音

を隠すことができます。

- オープンな職場の中には、職場の音や話し声を和らげるシステムを導入し、気が散らないようにしているところもあります。ホワイトノイズマシンは、背景音を隠すために不明瞭な音を出すもので、逆の効果を示す場合があります。常に背景音が耳元で轟くように感じる自閉症社員もいるからです。
- 騒音防止用のスクリーンやパーティションで、騒がしいオフィスの一角を静かにすることができます。また、カーペットやカーテン、柔らかい備品を使用することで、さらに消音効果を高めることができます。

　多くの自閉症社員は、一度に複数の音に注意を払うことができないので、仕事に関する会話は静かな職場で行うと、自閉症社員があなたの声に集中しやすくなります。騒がしい社会的環境は自閉症社員にとって不快で疲れるかもしれません。よって、必要であれば外に出るか、その場を離れるようにしてあげましょう。

職場の匂い

　自閉症社員の中には、匂いに非常に敏感で、香水、デオドラント、食品、洗浄剤などの匂いに圧倒されることがあります。匂いへの過敏性に対処するために以下のような方法があります。

- 無香料の掃除用具を使います。
- トイレの香りつき石鹸、ハンドローション、室内用消臭剤を無香料に変更します。
- 空気清浄機や小型扇風機を使用し、匂いの影響を軽減します。

　逆に、自閉症社員の中には自分の体臭などの衛生面に無頓着な人もいます。本人と直接話し合い、無香料のデオドラントをする、シャワーや衣類の交換の頻度を上げるなどの提案をします。

衣服と触感

　朝、服を着るとき、数秒間は服が肌に触れる感覚がありますが、そのうちに体が慣れてきます。慣れてくるとその感覚は薄れ、服を別のものに変えて着るまで、着ている服を意識しなくなるのです。しかしながら、多くの自閉症者にとって、この「慣れ」の過程がうまく機能しないのです。その結果、皮膚に接触した衣服に過敏に反応し、機会あるごとに靴やネクタイ、上着を脱いでしまうことがあるのです。自閉症社員が（制服などの）衣服規定を守らなければならない職場環境では、この感覚的な部分が非常に難しいものになってきます。

　一般的に自閉症社員の中には、特定の生地や、きゅうくつな衣服に敏感な人がいます。もしあなたの職場に、フォーマルな服を着なければならないことを規定する厳しい服装規定があるなら、自閉症社員がネクタイなしでいることや、職場では履きなれた靴を履くことを許可してあげましょう。職場で身に着ける服に違和感があると、結局一日中ストレスや不安を感じることになり、しかも本人もなぜそのような気持ちになっているのか気づかないことがあります。

　自閉症者の中には、触覚に敏感な人がいて、握手を避けたり、肩を軽くたたかれるだけでも不快な思いをしたりすることがあります。

　自閉症者は、時に強い食の好みや嫌悪感を持つことがあります。偏った食べ物や、特定の色や食感のものしか好まないかもしれません。もし自閉症社員が仕事に関連した状況で食事をする必要がある場合、上司はアレルギーやその他の食品に関連した問題と同じように扱うと良いでしょう。

職場環境に悩む自閉症社員には
どのように対応すればいいのでしょうか？

　上司は、自閉症社員が経験してきた感覚の問題を知る必要があります。これらの問題が自閉症社員に身体的、精神的にどのような影響を与えるか、また、仕事の遂行能力にどのような影響を与えるかを理解することが重要です。感覚の問題は、物理的な職場環境を構造化することで対処することができます。過剰な感覚刺激を最小限に抑え、一般的に自閉症社員に過ご

しやすい環境を作ることもできますし、特定の自閉症社員のために個人的な合理的配慮を図ることもできます。

　職場の明かりについては、

- ・蛍光灯を白熱灯の電気スタンドに交換します。
- ・野球帽やサンバイザーを着用させます。
- ・自然光源に近い場所に移動させます。

　職場の騒音については、

- ・自閉症社員に、ノイズキャンセリングヘッドセットを装着させます。
- ・音楽プレイヤーとイヤホンで音楽を聴かせ、周囲の雑音を遮断します。
- ・職場の静かな場所に移動させるか、騒音防止用のスクリーンやパーティションを使用します。
- ・カーペット、カーテン、柔らかい備品などを使って、職場の騒音を減らします。
- ・職場の音や話し声を和らげる雑音制御システムを導入します。
- ・仕事に関連した会話は静かなオフィスで行い、騒がしい職場環境を不快に感じる場合は、その場を離れさせます。

　職場の匂いについては、

- ・掃除用具やトイレ用品を無香料に変更します。
- ・空気清浄機や小型扇風機を使用し、匂いの影響を軽減します。

　もしあなたの会社に、フォーマルな仕事用の服を着なければならない厳しい服装規定があるなら、自閉症社員がネクタイなしでいることや、職場

では履きなれた靴を履くことを許可してください。

　もし自閉症社員が仕事に関連した状況で食事をする必要がある場合、上司はアレルギーやその他の食品に関連した問題と同じように扱うとよいでしょう。

関連する章

　・第6章　人とのかかわり

事例 13.2 彼は何をしてるんだろう？

この事例に含まれるトピック

・理由もなくぼーっとしているように見える
・会議中にそわそわしたり、身体を揺らしたりしている
・奇妙な、反復的な身体的行動が見られる

このような場面に遭遇したことはありませんか？

・会議中、椅子を揺らしてばかりいる社員がいる。「彼は何をして るんだろう？」とあなたは思います。
・ある社員が、理由もなく定期的に誰もいない場所に消えていく。

根本的な問題は何なのでしょうか？
感覚過敏への対応

　　「感覚の入力が多すぎると、脳がリセットしたり一時停止モード
　　になります。そして、脳が周囲で起こっていることすべてに追いつ
　　くには、しばらく時間がかかります。これは自分で制御できるもの
　　ではなく、ただ辛抱強く待つしかないことなのです」

　声や音、光などの感覚刺激が多すぎると、自閉症者は圧倒されてしまう
ことがあります。前章で述べたように、感覚過敏は、人が同時に多くの感
覚刺激を経験し、そのすべてを処理しきれなくなったときに起こるもので、
家の電気系統に過剰な電力が急増したときに火災を避けるために電気の回
路を遮断するブレーカーのようなものです。自閉症者はよく、脳の処理が
停止して「ぼーっ」とし、会話を続けることが困難になるとき、この感覚
的な「シャットダウン」を、「幕間」と表現することがあります。この
「幕間」は、同僚上司から見ると、固まっているように見えたり、混乱し
ているように見えたり、無表情に見えたりすることがあります。
　感覚過敏や「シャットダウン」というのは、危険を察知したときに心臓
がバクバクしてアドレナリンが出るのと同じで、本人のコントロールが利
かない身体的反応なのです。感覚過敏のために自閉症社員が「シャットダ
ウン」すると、彼に対しより大きな声で話しかけたり、ジェスチャーで注
意を引こうとするのが自然な反応です。しかしながら、自閉症社員が自ら
自発的にそこから「抜け出す」ことは不可能なのです。よって、集中力を
取り戻すためには、感覚的な刺激や人とのかかわりから数分間解放する必
要があります。
　自閉症者は、パーティーのような人とかかわるような状況において、さ
まざまな人の声をフィルターにかけながら大音量の音楽や照明に何とか対
応しようとするとき、すぐに圧倒されてしまって、感覚過敏を経験するこ
とがあります。もし、そのような場所で自閉症社員が不安や不快を感じて
いるようであれば、彼の脳のシステムは「シャットダウン」しないために

休息が必要なので、部屋を出てもらうか、静かな場所に連れて行くようにしましょう。（パーティーのような）大音量の社交場を想像しただけで、自閉症者は不安になることがあるので、本人が「失礼させてもらいます」と言ったら、無理に参加させないようにしましょう。

　自閉症社員は、複数の人と話をしなければならないときに、感覚刺激に圧倒されることがあります。たとえば、会議では、長時間多くの人と一緒にいなければならず、その状況は刺激が強すぎることになり、自閉症社員は無表情になったり、自分を落ち着かせるために何度も会議室を出たりすることがあります。そのような場合、5分間ほどトイレや静かな場所に行ってもらって休憩を取らせましょう。

　自閉症社員は、部屋を出ると批判されると思い、刺激の強い状況に必要以上に長くとどまることがありますが、これは事態を悪化させるだけになります。自閉症社員本人は自分が無理をしていることに気づいていないかもしれないので、不安やストレスを感じているようであれば、少し休憩を取るように勧めてください。

自己抑制行動と反復行動

　　　「椅子を前後に揺らして、誰かに椅子を摑まれて『やめなさい』
　　　と言われるまで、自分がそうしていることに気づかないこともよく
　　　ありました」

　私たちは、時に、不安やストレスがあると、歩いたり、机の上で指を鳴らしたり、ペンを鳴らしたり、足を貧乏ゆすりしたりするなどの反復行動をとることがあります。テルアビブ大学の研究者たちは、反復行動は一般的に、予測不可能な出来事や制御不可能な出来事に直面したとき、冷静さを導き出し、ストレスを管理するのに役立つことを発見しました。フリースローを試みる前に正確に6回ボールをバウンドさせるプロバスケットボール選手のように[61]。

　自閉症者は、感覚過敏を調整したり、不安なときに自分を落ち着かせた

りする手段として、自己刺激行動（スティミングとも呼ばれます）を行うことがよくあります。

　典型的な自己刺激行動としては、身体を揺らす、そわそわする、繰り返し音を立てる、周囲にほとんど気づかれないような小さな動きをする、などがあります。自己刺激行動には、糸をこねくり回す、輪ゴムをはじくなど、物を繰り返し使うことも含まれます。

　自己刺激行動は、自閉症者にとって異なる機能を果たすことがあります。ある人は落ち着かせることができ、ある人は注意を促し、仕事に集中できるようになることもあるのです。また、腕や手をひらひらさせるなど、極めてポジティブなことが起こったことを示す、喜びや満足のサインである場合もあります。自閉症者の中には、自己刺激行動の一部を「隠したり」、人に見せないようにする必要性を感じている人もいます。たとえば、手をひらひらさせる人は、会議中や会話中に手をばたつかせると他の人たちが不快になることを知っているので、手をお尻の下に入れたり、ストレッチをしているように見せたりして、その行動をごまかそうとする人がいます。

　反復行動や自己抑制行動は、調節メカニズムとして機能するので、自閉症者自身がコントロールすることは困難であることを心に留めておいてください。もし、自閉症社員に「やめなさい」と言うと、別の反復行動をするようになるかもしれません。自己刺激行動が他の人に迷惑をかけるほどになってきたら、2分ほど休憩してトイレに行って戻ってくるように促してみましょう。

感覚過敏になった自閉症社員には
どのように対応すればいいのでしょうか？

　感覚過敏な自閉症社員を支援するための最も重要な合理的配慮は、感覚過敏が身体的な反応であり、制御しようと思ってもできないものであることを理解することです。事例13.1で述べたように、自閉症社員にやさしい職場環境は、感覚過敏や感覚遮断につながる感覚刺激の蓄積を減らすのに役立ちます。

　感覚過敏になった場合は、静かな場所で少し休憩を取るなど、数分間自閉症社員が持ち場から離れることを許可します。自閉症社員が「シャットダウン」状態になると、言葉が出なくなることがあるので、大きな声で話しかけたり、大げさなジェスチャーをしたりして、「彼の気分を即座に変え」ようとしないようにしてください。落ち着かせるために、数分間、自分をリセットする時間を与えましょう。多くの社員たちが話している会議の場にいると不安になってしまう自閉症社員には、少し休ませてから会議に戻ってもらいましょう。

　大勢が集まる場は騒がしくなりがちなので、自閉症社員の場合は会議参加を断ったり、席を外させてほしいということがあります。仕事の関係でどうしても会議に出席しなければならない場合は、静かな場所で短い休憩を取れるようにし、負担を感じ始めたら退出できるようにしてあげましょう。

　もし、自閉症社員の自己抑制行動や反復行動が他の人の気を散らすようであれば、彼らがそのような行動を隠れてできる場所を別に提供してください。

関連する章

　・事例 13.1
　・第 6 章　人とのかかわり

感覚過敏：合理的配慮のまとめ

　私たちの日常世界は、さまざまな感覚刺激に満ちています。しかしながら、私たちの多くは、五感に入ってくる情報のすべてを意識しているわけではありません。なぜなら、状況の中で重要な物事には注意を払い、それ以外のものを遮断しているからです。職場においては、プリンターやコピーの音、人の話し声、オフィスの照明やパソコンの画面、さらには休憩室で淹れるコーヒーや同僚の香水の匂いなど、感覚的な刺激が溢れていま

す。自閉症社員にとっては、職場の感覚的な刺激を排除することは非常に難しく、そのため気が散ってしまいます。このような感覚刺激の影響は、自閉症社員を圧倒し、仕事の出来に影響します。

　社員が次のような行動をとっているのを見たら、感覚過敏を避けようとしているか、感覚過敏になったときに自分を落ち着かせようとしているのかもしれません。

- ・暗いところに座っている
- ・野球帽をかぶっている
- ・イヤホンをしている
- ・騒音、照明、匂いなどに常に文句を言っている
- ・頻繁に休憩している
- ・小さな反復行動を行っている

多くの意味で、感覚の問題は、雇用者と従業員が職場で取り組むべき最も簡単な課題です。感覚という観点からは、自閉症社員にやさしい環境を作るための合理的配慮は、簡単で安価です。ほとんどの自閉症社員は、自分の感覚の問題を認識しており、それを管理するために何をすべきかを知っています。

　自閉症社員は、他の社員にはない方法で環境に反応している可能性があることを理解し、気が散るものを取り除くように協力することで、感覚過敏を避け、期待通りのパフォーマンスを発揮させることができます。

　明かりについては、

- ・蛍光灯を白熱電球に変える
- ・野球帽やサンバイザーをかぶって、光を遮るようにさせる
- ・自然光が差し込む場所に座らせる

音については、

- 仕事上の重要な会話は、静かな場所で行う
- イヤホンやノイズキャンセリング機能付きのヘッドセットを装着
  してもらう
- オフィスの静かな場所に移動させる
- オフィスの壁などに吸音材を使用する
- サウンドマスキングシステム（会話などの音が発生する空間にあえ
  て他の音を流すことで音漏れ、会話漏れを遮断するシステム）を導入
  するか、ホワイトノイズマシンを使用してオフィスの騒音を隠す

匂いについては、

- 無香料の製品や洗浄剤を使用する
- 自閉症社員に小型の空気清浄機の使用を許可する
- オフィスでの強い香水の使用を禁止する
- 休憩室や食料品貯蔵庫から離れた場所に自閉症社員を座らせる

　自閉症社員が特定の感覚入力に反応するのは、自分ではコントロールできない身体的なものであり、感覚過敏が起こる可能性のあるすべての状況を回避できるとは限らないことを理解することが重要です。自閉症社員が感覚刺激に圧倒されているときは、気持ちを落ち着かせて集中力を取り戻すためにそれらを避ける必要があることを理解してください。

- 自閉症社員の注意を引くために、ジェスチャーをしたり、大声を
  出したりしない
- 自閉症社員を音や光などに圧倒される原因となった感覚的な刺激
  から解放させるために、数分間の時間を与える
- 感覚過敏の原因が人とかかわる状況にある場合は、自閉症社員が
  早く帰れるようにする

・自傷行為や自己刺激行動をすることが他の同僚上司の気を散らす
　ことになる場合は、自閉症社員がそのような行動を隠れてできる
　場所を提供する

おわりに──自閉スペクトラム症候群

　本書では、職場で自閉症／アスペルガー症候群が社員に与える影響について学ぶ機会を提供しました。お読みいただいたように、影響は主に三つの分野──「人とのかかわり」「仕事の遂行能力」「感覚の問題」──に及んでいますが、それぞれに多くのバリエーションがあります。本書の少なくとも二つ以上の章をお読みになった方は、各章に次のような強調した注釈があることにお気づきかと思います。

> この章を読むとき、すべての自閉症の人が、ここで示されたすべての行動を示すわけではないことを覚えておいてください。それぞれの自閉症社員は異なっていて、自閉症に関連する問題もその人独自のものになるということを。

　「自閉症の一人に会ったなら、それは一人の自閉症の人に会ったことがあるということです」スティーブン・ショア博士の言葉として、自閉症の社会でよく知られている言葉です。この言葉は、これ以上ないほど真実です。私たちが色をつながりのある連続体（スペクトラム）して認識し、基本色の相対量を混ぜることで無限のバリエーションを生み出すように、自閉症もまたスペクトラムなのです。「人とのかかわり」「仕事の遂行能力」「感覚の問題」など、さまざまな程度の問題が相互に作用し、自閉症者の独自性を生み出しているのです。

　自閉症社員とともに働く上で、合理的配慮や指導方法は一律ではないことを心に留めておいてください。効果的な支援であるために、個々の自閉症社員の特性を反映しなければなりません。自閉症社員の視点、つまり

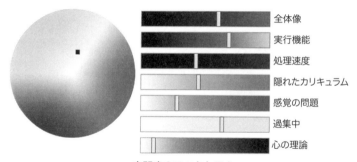

自閉症のスペクトラム

全体像
実行機能
処理速度
隠れたカリキュラム
感覚の問題
過集中
心の理論

「彼らの立場に立って考える」ことを理解することが、合理的配慮を実施する過程においても非常に重要なことなのです。

　本書を読まれた人の最初の目的は、自閉症社員との協働や管理に関する特定の問題についてのガイダンスを受けることだったかもしれませんが、読み進むにつれて、自閉症社員のユニークさについてより深く理解していただけようになったのではないかと思います。これは著名な自閉症研究者であり作家でもあるブレンダ・スミス・マイルズ博士の次の言葉に、最もよく言い表されていると思っています。

　　自閉症やアスペルガー症候群など、社会的な状況を理解することが難しい人たちには、職場環境をすべての人にとってより良く、より生産的な環境にすることができる無限の可能性があるのです[62]。

注

1）Singh 2015.

2）Shattuck et al. 2012.

3）A.J. Drexel Autism Institute 2015.

4）Sole-Smith 2015.

5）Centers for Disease Control and Prevention 2016a.

6）Autism Speaks 2012.

7）Allen 2008, p.3.

8）Kessler Foundation/National Organization on Disability 2010.

9）Cone Communications 2013.

10）U.S. Department of Labor—OFCCP 2013.

11）Bancroft et al. 2012.

12）K.R. Lewis 2014.

13）Florentine 2015.

14）M. Lewis 2010.

15）von Schrader, Malzer, and Bruyère 2013.

16）Myles, Trautman, and Schelvan 2004.

17）Vermeulen 2014.

18）Vermeulen 2012.

19）Burack 2001.

20）Kimhi 2014.

21）Baez et al. 2012.

22）Shellenbarger 2016.

23）Rogers et al. 2006.

24）Hadjikhani et al. 2014.

25）Markram, Rinaldi, and Markram 2007.

26）Jarrett 2016.

27）Navarro 2009.

28）Ewbank et al. 2015.

29）Grandin 2010.

30）Goleman 2006, p.85.

31）最初に相談せずに、他者や他部署に計画や問題を渡してしまうこと。

32）作業や行動に多大な時間、エネルギー、努力、または集中力を注ぎ込むこと。

33）Kennedy 2012.

34）Grandin 2006, p.156.

35）"Asperger's in the workplace study reveals benefits and challenges for managers" 2016.

36）McFarland 2015.

37）Vermeulen 2012, p.151.

38）"Cultural etiquette around the world" 2016.

39）Trotman 2014.

40）"A conversation with Temple Grandin" 2006.

41）Happé and Frith 2006.

42）Public Library of Science 2011.

43）Lorenz and Heinitz 2014.

44）Happé and Frith 2006.

45）Grandin 2009

46）Csikszentmihalyi 1990.

47）Bradberry 2014.

48）Blades 2016.

49）Gallup Inc 2006.

50）Zell, Warriner, and Albarracín 2012.

51）Goldstein and Naglieri 2013.

52）Kross et al. 2014.

53）Zell, Warriner, and Albarracin 2012.

54）Best et al. 2015.

55）Geller 2005.

56）Bogdashina 2016, pp.63–64.

57）Geller 2005.

58）Bogdashina 2016, p.124

59）Centers for Disease Control and Prevention 2016b.

60）Ludlow n.d..

61）American Friends of Tel Aviv University 2011.

62）Myles 2012.

参照文献

A conversation with Temple Grandin (2006). Accessed 1/28/2017 at www.npr.org/templates/story/story.php?storyId=5165123

A.J. Drexel Autism Institute. (2015). National Autism Indicators Report. Accessed 1/28/2017 at http://drexel.edu/autisminstitute/research-projects/research/ResearchPrograminLifeCourse-Outcomes/indicatorsreport/#sthash.IGKi2lUe.dpbs

Allen, D.G. (2008) *Retaining Talent: A Guide to Analyzing and Managing Employee Turnover.* Alexandria, VA: SHRM Foundation.

American Friends of Tel Aviv University (2011). Finding relief in ritual: A healthy dose of repetitive behavior reduces anxiety, says researcher. Science Daily. Accessed 1/28/2017 at www.sciencedaily.com/releases/2011/09/110922093324.htm

Asperger's in the workplace study reveals befits and challenges for managers (2016). Nottingham Trent University. Accessed 1/28/2017 at www4.ntu.ac.uk/apps/news/187900-15/Aspergers_in_the_workplace_study_reveals_benefits_and_challenges_for_mana.aspx

Autism Speaks (2012). Early intervention for toddlers with autism highly effective, study finds. Accessed 1/28/2017 at www.autismspeaks.org/aboutus/press-releases/early-intervention-toddlers-autism-highly-effective-studyfinds

Baez, S., Rattazzi, A., Gonzalez-Gadea, M.L., Torralva, T., *et al.* (2012). Integrating intention and context: Assessing social cognition in adults with Asperger syndrome. *Frontiers in Human Neuroscience* 6. doi:10.3389/fnhum.2012.00302

Bancroft, K., Batten, A., Lambert, S., and Madders, T. (2012). *The Way We Are: Autism in 2012.* London: National Autistic Society. Accessed 1/28/2017 at www.autism.org.uk/~/media/20F5BD5ADBDE42479F126C3E550CE5B0.ashx

Best, C., Arora, S., Porter, F., and Doherty, M. (2015). The relationship between subthreshold autistic traits, ambiguous figure perception and divergent thinking. *Journal of Autism and Developmental Disorders* 45, 12, 4064–4073. doi:10.1007/s10803-015-2518-2

Blades, S. (2016). Spotlight on leadership: The multitasking mirage [Podcast]. HRS Communications, University of Florida. Accessed 1/28/2017 at http://news.hr.ufl.edu/2016/02/spotlight-on-leadership-the-multitasking-mirage

Bogdashina, O. (2016). *Sensory Perceptual Issues in Autism and Asperger Syndrome: Different Sen-*

sory Experiences – Different Perceptual Worlds (2nd edn). London: Jessica Kingsley Publishers.

Bradberry, T. (2014). Multitasking damages your brain and career, new studies suggest. Forbes. Accessed 1/28/2017 at www.forbes.com/sites/travisbradberry/2014/10/08/multitasking-damages-your-brain-and-career-new-studies-suggest/#634975892c16

Burack, J.A. (2001). *The Development of Autism: Perspectives from Theory and Research.* Mahwah, NJ: Lawrence Erlbaum Associates.

Centers for Disease Control and Prevention (2016a). Autism spectrum disorder (ASD): Data & statistics. Accessed 1/28/2017 at www.cdc.gov/ncbddd/autism/data.html

Centers for Disease Control and Prevention (2016b). Autism spectrum disorder (ASD): Diagnostic criteria. Accessed 1/28/2017 at www.cdc.gov/ncbddd/autism/hcp-dsm.html

Cone Communications (2013). 2013 Cone Communications Social Impact Study. Accessed 1/28/2017 at www.conecomm.com/research-blog/2013-cone-communications-social-impact-study

Csikszentmihalyi, M. (1990). *Flow: The Psychology of Optimal Experience.* New York, NY: Harper & Row.

Cultural etiquette around the world (2016). eDiplomat. Accessed 1/28/2017 at www.ediplomat.com/np/cultural_etiquette/cultural_etiquette.htm

Ewbank, M., Pell, P., Powell, T., von dem Hagen, E., Baron-Cohen, S., and Calder, A. (2015). Reduced repetition suppression to faces in the fusiform face area of adults with autism spectrum conditions. *Journal of Vision* 15, 12, 1210. doi:10.1167/15.12.1210

Florentine, S. (2015). How SAP is hiring autistic adults for tech jobs. CIO. Accessed 1/28/2017 at www.cio.com/article/3013221/careers-staffing/how-sap-is-hiring-autistic-adults-for-tech-jobs.html

Gallup Inc. (2006). Too many interruptions at work? Gallup. Accessed 1/28/2017 at www.gallup.com/businessjournal/23146/Too-Many-Interruptions-Work.aspx

Geller, L. (2005, Summer). Emotional regulation and autism spectrum. Autism Spectrum Quarterly, 14–17. Accessed 1/28/2017 at http://aspergercenter.com/articles/Emotional-Regulation-and-Autism-Spectrum.pdf

Goldstein, S. and Naglieri, J.A. (2013). *Interventions for Autism Spectrum Disorders: Translating Science into Practice.* New York: Springer.

Goleman, D.P. (2006). *Social Intelligence: The New Science of Human Relationships.* New York, NY: Random House.

Grandin, T. (2006). *Thinking in Pictures: And Other Reports from My Life with Autism* (2nd edn). New York, NY: Knopf Doubleday.

Grandin, T. (2009). How does visual thinking work in the mind of a person with autism? A personal account. *Philosophical Transactions of the Royal Society B: Biological Sciences* 364(1522), 1437–1442. doi:10.1098/rstb.2008.0297

Grandin, T. (2010). The need to be perfect. Autism Asperger's Digest. Accessed 1/28/2017 at http://autismdigest.com/the-need-to-be-perfect

Hadjikhani, N., Zürcher, N.R., Rogier, O., Hippolyte, L., et al. (2014). Emotional contagion for pain is intact in autism spectrum disorders. *Translational Psychiatry* 4, 1, e343. doi:10.1038/tp.2013.113

Happé, F. and Frith, U. (2006). The weak coherence account: Detail-focused cognitive style in autism spectrum disorders. *Journal of Autism and Developmental Disorders* 36, 1, 5–25. doi:10.1007/s10803-005-0039-0

Jarrett, C. (2016). Why it's hard to talk and make eye contact at the same time. *British Psychological Society Research Digest*. Accessed 1/28/2017 at https://digest.bps.org.uk/2016/11/18/why-its-hard-to-talk-and-make-eye-contact-at-the-same-time

Kennedy, P. (2012). Who made that emoticon? *New York Times*. Accessed 1/28/2017 at www.nytimes.com/2012/11/25/magazine/who-made-thatemoticon.html

Kessler Foundation/National Organization on Disability (2010). Survey of Employment of Americans with Disabilities. Accessed 1/28/2017 at www.nod.org/downloads/best-practices/06d_2010_employment_survey_final_report.pdf

Kimhi, Y. (2014). Theory of mind abilities and deficits in autism spectrum disorders. *Topics in Language Disorders* 34, 4, 329–343. doi:10.1097/tld.0000000000000033

Kross, E., Bruehlman-Senecal, E., Park, J., Burson, A., et al. (2014). Self-talk as a regulatory mechanism: How you do it matters. *Journal of Personality and Social Psychology* 106, 2, 304–324. doi:10.1037/a0035173

Lewis, K.R. (2014). The next frontier in diversity: Brain differences. Fortune. Accessed 1/28/2017 at http://fortune.com/2014/12/16/brain-differencesautism-workplace-diversity

Lewis, M. (2010). Betting on the blind side. Vanity Fair. Accessed 1/28/2017 at www.vanityfair.com/news/2010/04/wall-street-excerpt-201004

Lorenz, T. and Heinitz, K. (2014). Aspergers—different, not less: Occupational strengths and job interests of individuals with Asperger's syndrome. *PLoS ONE* 9, 6. doi: 10.1371/journal.pone.0100358

Ludlow, A. (n.d.). Sensory issues in the workplace [Interview]. *Asperger Management*. Accessed 1/28/2017 at www.aspergermanagement.com/features-2/sensory-issues-in-the-workplace

Markram, H., Rinaldi, T., and Markram, K. (2007). The intense world syndrome—an alternative hypothesis for autism. *Frontiers in Neuroscience* 1, 1, 77–96. doi:10.3389/neuro.01.1.1.006.2007

McFarland, M. (2015). Why shades of Asperger's syndrome are the secret to building a great tech company. *Washington Post*. Accessed 1/28/2017 at www.washingtonpost.com/news/innovations/wp/2015/04/03/why-shades-of-aspergers-syndrome-are-the-secret-to-building-a-great-tech-company/?utm_term=.2bf9015a526a

Myles, B.S. (2012). Interview. *Asperger's in the Workplace: A Guide for Managers*. New York: Asperger Syndrome Training and Employment Partnership [DVD]. Available from Integrate

Autism Employment Advisors, Inc. www.integrateadvisors.org

Myles, B.S., Trautman, M.L., and Schelvan, R.L. (2004). *The Hidden Curriculum: Practical Solutions for Understanding Unstated Rules in Social Situations for Adolescents and Young Adults.* Shawnee Mission, KS: Autism Asperger Publishing.

Navarro, J. (2009). The body language of the eyes. *Psychology Today.* Accessed 1/28/2017 at www.psychologytoday.com/blog/spycatcher/200912/the-body-language-the-eyes

Public Library of Science (2011). Level and nature of autistic intelligence: What about Asperger syndrome? *Science Daily.* Accessed 1/28/2017 at www.sciencedaily.com/releases/2011/09/110928180405.htm

Rogers, K., Dziobek, I., Hassenstab, J., Wolf, O.T., and Convit, A. (2006). Who cares? Revisiting empathy in Asperger syndrome. *Journal of Autism and Developmental Disorders* 37, 4, 709–715. doi:10.1007/s10803-006-0197-8

Shattuck, P.T., Narendorf, S.C., Cooper, B., Sterzing, P.R., Wagner, M., and Taylor, J.L. (2012). Postsecondary education and employment among youth with an autism spectrum disorder. *Pediatrics* 129, 6, 1042–1049. Accessed 1/28/2017 at http://pediatrics.aappublications.org/content/129/6/1042

Shellenbarger, S. (2016). Why you should never tell someone to relax. *Wall Street Journal.* Accessed 1/28/2017 at www.wsj.com/articles/why-you-should-never-tell-someone-to-relax-1471370408

Singh, M. (2015). Young adults with autism more likely to be unemployed, isolated. *NPR.* Accessed 1/28/2017 at www.npr.org/sections/health-shots/2015/04/21/401243060/young-adults-with-autism-more-likely-to-be-unemployed-isolated

Sole-Smith, V. (2015). The history of autism. *Parents.* Accessed 1/28/2017 at www.parents.com/health/autism/history-of-autism

Trotman, A. (2014). Facebook's Mark Zuckerberg: Why I wear the same t-shirt every day. *The Telegraph.* Accessed 1/28/2017 at www.telegraph.co.uk/technology/facebook/11217273/Facebooks-Mark-Zuckerberg-Why-I-wear-the-same-T-shirt-every-day.html

U.S. Department of Labor (2013). Office of Federal Contract Compliance Programs: Regulations implementing Section 503 of the Rehabilitation Act. Accessed 1/28/2017 at www.dol.gov/ofccp/regs/compliance/section503.htm

Vermeulen, P. (2012). *Autism as Context Blindness.* Shawnee Mission, KS: Autism Asperger Publishing.

Vermeulen, P. (2014). Context blindness in autism spectrum disorder: Not using the forest to see the trees as trees. *Focus on Autism and Other Developmental Disabilities* 30, 3, 182–192. doi:10.1177/1088357614528799

von Schrader, S., Malzer, V., and Bruyère, S. (2013). Perspectives on disability disclosure: The importance of employer practices and workplace climate. *Employee Responsibilities and Rights Journal* 26, 4, 237–255. doi:10.1007/s10672-013-9227-9

Zell, E., Warriner, A.B., and Albarracín, D. (2012). Splitting of the mind: When the you I talk to is me and needs commands. *Social Psychological and Personality Science* 3, 5, 549–555. doi:10.1177/1948550611430164

〈著者紹介〉

マーシャ・シャイナー（Marcia Scheiner）

　自閉症スペクトラムの専門家を育成する組織と協力している非営利団体である「インテグレート・オーティズム・エンプロイメント・アドバイザー」の創設者であり、代表者でもあります。

　彼女の息子はアスペルガー症候群であり、現在ニューヨークに居住しています。

ジョーン・ボグデン（Joan Bogden）

　臨床心理学の修士号を所有しており、30年以上にわたってコミュニケーションスキルの分野で指導を行っている専門家です。

〈訳者紹介〉

梅永 雄二（うめなが　ゆうじ）

　早稲田大学 教育・総合科学学術院教育心理学専修、教授。博士（教育学）。臨床心理士、自閉症スペクトラム支援士Expert、特別支援教育士SV。

　1983年、慶應義塾大学卒業後、障害者職業カウンセラーとして、地域障害者職業センターに勤務。障害者職業総合センター研究員を経て1998年、明星大学人文学部専任講師、2000年助教授。2003年宇都宮大学教育学部教授。2015年4月より現職。

　主な著作として、『自立をかなえる！〈特別支援教育〉ライフスキルトレーニングスタートブック』（明治図書出版）、『大人のアスペルガーがわかる』（朝日新聞出版）、『発達障害者の雇用支援ノート』（金剛出版）、『アスペルガー症候群・高機能自閉症の人のハローワーク』（監修、明石書店）、『仕事がしたい！　発達障害がある人の就労相談』（明石書店）、『アスペルガー症候群の人の就労・職場定着ガイドブック——適切なニーズアセスメントによるコーチング』（監修、明石書店）など多数。

自閉スペクトラム症（ASD）社員だからうまくいく
──才能をいかすためのマネージメントガイド

2022 年 11 月 30 日　初版第 1 刷発行

著　者	マーシャ・シャイナー
	ジョーン・ボグデン
訳　者	梅　永　雄　二
発行者	大　江　道　雅
発行所	株式会社明石書店

〒 101-0021 東京都千代田区外神田 6-9-5
電　話　03（5818）1171
ＦＡＸ　03（5818）1174
振　替　00100-7-24505
http://www.akashi.co.jp

装丁　　　　明石書店デザイン室
印刷・製本　モリモト印刷株式会社

ISBN978-4-7503-5508-5
（定価はカバーに表示してあります）

〈価格は本体価格です〉